艾青诗歌导读

赵宪宇　导读

原著作者：艾青

广西师范大学出版社

·桂林·

 # 序

　　"整本书阅读"是对中学生语文学习提出的新要求，也是高标准。对语文教师而言，则是一个值得细细研究的新课题。

　　从小学到高中，语文教材往往选择短篇佳作，语文教师也通常依托短文开展教学活动，培养学生理解和灵活运用祖国语言文字的能力。就理想状态而言，学生通过短篇学习获得较高的阅读能力之后，可以向大部头、整本书的阅读迁移。但实际上，不少学生即便成人之后，只要不是必需，很少去阅读整本书。整本书本身具有丰富的营养，能够给予学生大容量、全方位的滋补，其育人价值是一般的短篇作品难以企及的。如果中学阶段在学习短文的同时，兼及整本书的阅读，对学生的语文学习而言，应该是很有意义的。对那些未来生活中可能很难再去阅读整本书的学生而言，这是一次补齐自身阅读生活"短板"的机会，还可能激发出他们持续阅读整本书的兴趣和欲望，促进学生阅读能力更全面、更完整地发展。

　　古人对读整本书尤为重视。子曰："小子何莫学夫诗？诗，可以兴，可以观，可以群，可以怨。迩之事父，远之事君。多识于鸟兽草木之名。"这其中的"诗"，应是孔子亲自编定的《诗经》。这大概是中国最为古老的人文读本，而且是整本书：系统、全面，有明确的价值观。后来，整本书阅读的书目逐渐丰富，"四书""五经"成为必读书目。如果不读或者不读懂这类整本书，连科举考试考场的门也休想跨进。

　　记得20世纪80年代，上海育才中学原校长、语文教育改革家段力佩先生，力推高中语文教学改革，其语文课主教《红楼梦》。如何开展整本书阅读教学呢？段先生为语文教师送上"读读、讲讲、议议、练练"八字真言，一时传为佳话。可惜的是，这项阅读改革成果并未发扬光大。

　　古人学习"四书""五经"，大多类似"综合课程"，没有今天这么多分科；古

人接受教育，也无需大量、烦琐的教学，主要是靠自己的熟读精思，渐进顿悟。如果要求今天的学生像古人那样阅读整本书，一是没可能，二是没必要。那么，当下的中学生如何在有限的语文学习生活中，在教师的有效引领和指导下，优质高效地完成整本书阅读的学习任务，提升自己的阅读素养呢？

本丛书在大量调研分析的基础上，综合多方意见和建议编写而成。编写团队分析了同类的整本书阅读学习材料的优缺点，遵循问题导向和实践导向，以切用、实用、顶用为原则，通盘考虑，宏微兼顾；运用符合学生认知规律的结构安排和体例设计，"诱导"学生实现读、思、练结合。

任何文本的学习，都需要从真实的阅读做起，学生如此，教师也是如此。阅读整本书当然也需要从完整细致的阅读做起。读完全书，整体把握脉络结构，进而进入文本内部，揣摩重点章节、段落或者情节，研究某个片段、故事或者人物，欣赏结构、细节和语言，并在此基础上，做出全面精细的概括分析，这应该是整本书阅读的常规思路。鉴于此，我们在本书的主体部分，聚焦整本书的文本细读，通过教师示范引领——"阅读指引"和学生自主练习——"自主阅读"两个栏目，引导学生研读文本，关注细节，进行深度分析，从而使整本书阅读变成一次次关乎文学和文化、思维和审美、语言和艺术、人生和社会的真实的探求之旅。

这是本丛书冠以"导读"的真实意图，也是编写者们的良苦用心所在，更是本丛书与一般同类读物相区别的关键。我们克服重重困难，向 12 本名著的中心地带深度掘进，用大家名师的智慧，用阅读名著的深度体验，带动学生的阅读体验，促进他们整本书阅读的真正发生。

本丛书的价值主要是给中学生阅读整本书提供必要的引领、指导和帮助。我们也深知，整本书阅读还得靠学生自主实践，教师和编者能做的只是提供"外围"的辅助工作，而不是包办、代替，也不是灌输和强加。如果只是提供一个背诵结论和答案以应对考试的本子，那是将学生引入歧途。

本丛书具有鲜明的特色，能够促进文本理解，提高审美水平，发展思维能力，提升阅读素养；特别强调务实、简明的策略性指引，重视引领、强化示范和指导，提供资源和帮助；特别关注学生有效阅读方法的习得，融入适度训练，追求读、思、练合一。

本丛书的编写谨遵原创精神。以一流名师整本书阅读教学的真实体验作为示范样本，综合运用段落（篇章）的批注、解读及相关原创题目，紧扣课程标准理念和核心素养发展要求，进行系统的读写能力训练，力求引导学生学会举一反三、迁移运用，协助师生较为顺畅地达成整本书阅读教学的理想目标。

假如用几个关键词来概括本丛书的编写初衷，那就是：示范引领、指导协助、资源供给。

这些编写理念和内容安排，也许还可以产生驱动效应，对一些迄今还没有将这 12 本书读完的语文教师而言，不失为一种直接的督促。当语文教师与自己的学生共读一本书，师生一起研讨问题，在对话中交流心得，教师为学生指点迷津、排忧解难，就更有针对性和实效性；语文教师边读、边思、边导，为学生提供帮助和指导，做好示范和引领，通过教中学、学中教，才能真正实现教学相长。

这正是我们作为编者期望看到的美好的教学境界！

丛书主编　张蕾

2021 年 6 月 1 日

目 录

 整书概述

为时代鼓与呼

艾青是一个充满激情的诗人，也是一个具有强烈民族忧患意识的诗人，他的诗歌主题深刻，情感真挚，意蕴丰厚，整体风格深沉雄浑、清新隽永兼备，体现了其主张的"散文美"，实现了口语化的自由表达，促进了我国新诗的现代化进程，将自由体诗带入了新的领域和境界。

艾青是时代的鼓手，是人民诗人，艾青的诗总是涌动着一股潜流地火般的激情。他的诗，在地火般的激情中，又闪烁着理性的光芒。但他不是一个疯狂的、不加节制的抒情者，在强烈的抒情过程中，他往往有宽广而深沉的理性思考，所以，他的激情是有序的、节制的、绵长的，并时时透露出哲人的光芒。"土地"与"太阳"是艾青诗歌最突出的两个意象，他的诗歌主旨集中表现在以下三个方面：

一、对中国农民命运的关注与同情

由于个人的身世遭遇，艾青从小就对像乳母大堰河一样的劳动妇女、底层农民有着浓得化不开的感情，他熟知他们的生活，体悟到他们的艰难，对他们的悲惨命运投注了真切的同情，对造成农民悲惨命运的不公平的社会发出了愤怒的控诉。

二、对中国土地的深沉眷恋与热爱

艾青初登新诗诗坛时，正是中华民族灾难深重的时期，风雨飘摇的中华大地和大地上背负苦难的中国人民，激发了诗人深重的爱国情怀，诗人把自己的诗歌创作同我们民族的命运紧密联系在一起，抒写对大地的深情、对国家的忧思、对民族的希望，讴歌赞美历经苦难的中国人民身上所具有的顽强精神和生存意志。

三、对太阳的礼赞，对光明的膜拜

太阳是生命之父，光和热是它慷慨的赐予，太阳的个性炽烈而张狂。诗人张开双臂呼唤太阳，迎接太阳，拥抱太阳。借助奇特的想象，感恩太阳给予的光明和温暖，礼赞太阳给予生命的再生，寄寓对新世界、新生活的期待和向往。

艾青的诗歌创作早年受到法国印象派和象征派艺术的影响，常常运用太阳、火把、黎明等有象征性的事物，表现出对旧社会的黑暗和恐怖的痛恨以及对黎明、光明、希望的向往与追求。其意象的组合，时空的转换，光影的选择，都极具象征派艺术特色。延安时期，他的创作风格发生了很大转变，他成了一位时代鼓手。战斗的激情，时代的风貌，民族的命运，都以昂扬的精神贯穿其中。到了改革开放新时期，他的诗歌创作于变化中保留不变，变的是时代的新内容和表现新内容的形式，嘶哑的呐喊变得更为睿智理性，诗歌因此更具理性和哲理色彩；不变的是满腔赤诚的情怀，为未来、为光明、为希望而热情赞美和讴歌。

艾青的诗歌不拘泥于形式，不讲究押韵，也不讲究形式的整齐布局，而呈现出鲜明的"散文化"倾向，在不规律的诗行中有着一种内在的旋律感，用一种深刻的语言和内容写尽了人民的悲苦，也激发了人们的艺术想象。

艾青的诗歌以紧密结合现实的、富于战斗精神的特点继承了"五四"新文学的优良传统，开拓了中国新诗的新领域，开创了中国新诗的新风格，成为中国新诗发展的重要收获。艾青的诗是继郭沫若诗歌之后的又一座高峰，是 20 世纪三四十年代诗歌艺术的高峰和抗战时期自由体诗繁荣的标志，深刻影响了中国现当代诗坛。

艾青的自由诗对诗歌的发展起了很大的作用，特别是对"七月诗派"的影响。绿原曾说，"七月诗派"中的"大多数人是在艾青的影响下成长起来的"，他们"努力把诗和人联系起来，把诗所体现的美学上的斗争和人的社会职责与战斗任务联系起来"。

作家与作品

作家简介

1910 年 3 月 27 日，艾青出生于浙江金华畈田蒋村，由一位贫苦农妇大叶荷（即"大堰河"）养育到五岁。1928 年 9 月，艾青考入杭州国立艺术院绘画系。1929 年初，受院长林风眠鼓励，赴法国勤工俭学。

1932 年初，艾青回国，抵达上海，参与组织春地艺术社。后因春地艺术社被认定为"以危害民国为目的而组织之团体"，艾青被捕入狱。在狱中，艾青创作了许多诗歌，包括其成名作《大堰河——我的保姆》。

出狱后，艾青自费出版个人诗集《大堰河》，随即在上海文学界引发重大反响，成为上海文学界最引人瞩目的青年诗人。

延安时期，艾青在鲁迅艺术文学院等担任教员，任《诗刊》主编，迎来创作高潮期，写出了若干首歌颂、赞美延安根据地新生活的诗篇，出版了多部诗集。

1976 年，"四人帮"被粉碎，党和国家开始了一系列拨乱反正行动，新的时代开启。从这一年起，艾青迎来了诗歌创作的又一个高峰期。在新的时代巨变面前，艾青又焕发了磅礴的诗情，成了"归来的诗人"中最杰出的代表，有"归来的诗坛泰斗"之称。

作品简介

本书选读的诗歌囊括了艾青各个时期的创作。其中有部分艾青早期的作品，如《当黎明穿上了白衣》《我的季候》《透明的夜》《小黑手》等，它们是艾青在留学法国及归国时期所创作的，这些诗歌深受法国印象派艺术和象征主义的影响，意象丰富、鲜明，具有强烈的象征意味。《大堰河——我的保姆》等则以强烈的现实主义手法，深沉忧郁地唱出了祖国的土地和人民所遭受的苦难和不幸，反映了中华民族的悲惨命运。

抗战爆发后，艾青一直处于动荡漂泊之中，诗人一路穿过中国广大的原野、乡村和城镇，深切感受到这片古老土地上的人民的深重灾难，同时也感受到灾难面前人民的坚韧、隐忍和顽强。诗人对这片土地、对土地上艰难困苦的人民投注了强烈而深沉的情感，写下了《火把》《向太阳》《雪落在中国的土地上》《我爱这土地》《手推车》《农夫》《土地》等一大批名篇佳作。诗人善于运用太阳、火把、黎明等有象征性的事物，表现对旧社会的黑暗和恐怖的痛恨以及对黎明、光明、希望的向往与追求。

在毛主席《在延安文艺座谈会上的讲话》发表后，艾青积极响应主席的号召，以充沛的激情抒写时代，为时代唱响赞歌。他的诗歌创作风格因此发生了深刻变化，诗风更加直露，写出了若干首歌颂、赞美延安根据地新生活的诗篇。1949 年后，艾青延续了这一创作路数，诗风也没有发生大的改变，《礁石》《启明星》《光的赞歌》等具有哲理性启发的短诗取得了较高成就。

艾青的诗歌涌动着澎湃的激情，同时又闪耀着理性的光芒，全面、真实地反映了中国社会的变迁，再现了时代的惊涛骇浪、岁月的悲欢苦乐，体现出一种深沉的历史感和现实感。艾青的诗既抒发了对国土深沉的爱，又表达了对中国普通农民命运的深切关注，也抒写了对于光明、美好生活的热切追求。

名家评点

他的诗代表了一个时代。这是因为他和他的诗凝聚着并形成了一种近似大自然的气象和艺术氛围，这是因为他和他的诗，始终生息和奋斗在一个悲壮而动荡的伟大时代，与民族和土地的忧患息息相连。从他的人和诗，我们能真实地感受到诗人在无比巨大的历史胸腔内，创造诗的生命的激情，这激情使人类的美好的智慧和精神能不断繁衍和光大下去。

——诗人、作家　牛汉

艾青以"最伟大的歌手"要求自己，无论是在烽火连天的战乱岁月，还是在解放后的生活里，写作已然成为他的生活方式。他说道："我永远渴求着创作，每天我像一个农夫似的在黎明之前醒来，一醒来，我就思考我的诗里的人物和我所应该采用的语言，和如何使自己的作品能有一分进步……甚至在我吃饭的时候，甚至在我走路的时候。"一个诗人，始终渴求着写作，坚持着写作，这一点，深深地感动着同为写作者的我这样一个晚辈，也让我们看到一个作家对于文学至死不渝的热爱。

——作家　铁凝

伟大的抗日战争为诗歌创作开辟了一个新的时代，艾青随之扩大了政治视野和精神天地，他所创作的长诗《向太阳》和《火把》，以磅礴的气势表现了中华民族所焕发出的振奋精神和英雄气概。

——诗歌评论家　张同吾

我们读到的诗人，是一位哀歌的诗人，又是一位赞歌的诗人。土地与太阳、苦难与渴望、光明与阴影、寒冷与燃烧构成了他诗歌叙事的基本范畴，他由此深入到现实的血肉和一个民族深重的苦难之中，同时又一再从人们心中唤起了含泪的爱和希望——"为什么我的眼里常含泪水？因为我对这土地爱得深沉"。

——诗人、诗歌评论家　王家新

 # 阅读指引

方法指导

本书囊括了诗人艾青一生创作的重要诗作，抒发了诗人对于中国大地、中国人民深沉的热爱，对中国的未来寄予光明的畅想，语言明快隽永，情感浓烈，意境深邃，是中国现代诗歌的典型代表。

为了更好地阅读这些诗歌，我们要有计划地做好统筹安排，制订阅读任务清单，提高阅读质量与效能，进一步提升我们的诗歌鉴赏能力，培养我们的审美素养。

一、精读与略读相结合

本书共选录55首诗歌，数量还是比较多的，而且有些诗篇幅还较长，要在四周之内每一首都精读，难度较大。所以，我们可以采取精读与略读相结合的形式，一部分重要的又有一定难度的诗作要精读，细致涵咏，深入品味；一部分相对浅显的诗作，略读即可。

比如要精读艾青在各个时期的代表作品，其他的作品可以采用略读的方式进行阅读，当然也可以选择你自己感兴趣的其他诗歌进行深度阅读或专题阅读。

精读与略读并不是矛盾的，精读与略读的选择也不是固定不变的，同学们可以根据自己的个性爱好进行调整。

二、研读与朗读相结合

研读，即研究、探讨。对诗歌阅读来说，就是深度把握作者抒发的情感。艾青的诗歌多数是情感外显的，但也有不少是隽永含蓄的，这就需要我们去品味、咂摸，深入诗人的心灵世界，了解诗人真正的情感。诗歌是抒情的艺术，朗读是

涵咏诗之美的最好方式之一，诗歌的情感蕴蓄在文字之中，朗读将情感再现、外化，使诗歌的美更加立体化、具象化。

关于研读。研读属于深度阅读，是打开诗歌情感密码的必经之路。建议同学们一边阅读，一边圈画重要意象，把意象的象征含义写在旁边的空白处，及时记录自己的心得体会。文字不在多，重要的是养成旁批的阅读习惯。旁批是零碎的、散乱的、临时性的，但也是阅读过程中最直接的、最真实的情感体悟，可能稍纵即逝，所以可以用旁批的形式及时记录，当数量达到一定程度，稍加梳理，我们就有可能有新的发现。

关于朗读。阅读诗歌的最好方式就是朗读，用心、用情去朗读，这是体悟诗歌之美的最好途径。我们可以安排一次诗歌朗诵活动，同学们可以发挥自己的聪明才智，进行创意朗读；可以开展全校性艾青诗歌朗诵比赛；也可以开展班级朗诵比赛；可以个人或小组在校园的草坪上、大树底下、小径旁等环境优美的地方进行自由朗读；还可以搜集资料，借助资源，制作诗配画微视频。

三、微专题阅读

专题阅读可以聚焦于某一主题或者某一意象，加深对诗歌的阅读认知。专题阅读是一种深度阅读，可能难度较大，我们可以采用微专题的方式，将艾青的两大主体意象——"土地""太阳"作为小专题，进行深度开掘，从整体上把握艾青诗歌的主体情感和艺术特色。同学们不妨按照老师的提示，走进这两个微专题世界。

1. 艾青"土地"意象微专题阅读。先把诗选中的所有与土地、农民有关的作品找出来，再逐一细细研读，在细致研读的基础上，分析概括这些诗作的共同点，尤其是情感的共同点，看看艾青对土地和农民的情感态度有没有变化，这些情感态度是否还可以进行分类，在这个基础上，形成对艾青诗歌中"土地"意象的整体认识。

2. 艾青"太阳"意象微专题阅读。先把诗选中的所有与太阳、火、火把、灯、黎明等有关的作品找出来，再逐一细细研读，在细致研读的基础上，分析概括这些诗作的共同点，尤其是情感的共同点，看看艾青对太阳和光明的情感态度有没有变化，这些情感态度是否还可以进行分类，在这个基础上，形成对艾青诗歌中"太阳"意象的整体认识。

四、个性化阅读

　　诗歌本身是抒情性艺术，有浓郁的个性特色，不同的诗人有不同的抒情视角和不同的抒情特色，因此，诗歌阅读也应该有不同的方式。阅读的本质是个人的理解、分析、鉴赏，同一首诗，允许有不同的解读。当然，个性化阅读不等于随意解读，个性化阅读的前提是基础性阅读，所以，个性化阅读是一种更高水平的阅读。在共性理解的基础之上，个人还有独到的、深入的理解，这才是真正的个性化阅读。在阅读过程中，同学们要调动自己的情感，驰骋自己的想象，在艾青诗歌的王国里自由翱翔，读出自己的个性和深度，提升自己的审美鉴赏素养和能力，提高自己的精神境界和思想修养。

要点规划

一、进度规划

本书共选录 55 首诗，建议同学们利用四周时间完成整本书阅读，其中第三周开展一次诗歌朗诵活动。

具体阅读计划大致如下：

阅读时间	阅读进度	阅读任务	专题活动
第一周	阅读一九三二年至一九三七年的诗歌	1. 精读《大堰河——我的保姆》《小黑手》《太阳》《复活的土地》《雪落在中国的土地上》； 2. 分析艾青诗歌的抒情主题，感悟他的诗歌艺术风格。	
第二周	阅读一九三八年至一九三九年的诗歌	1. 精读《手推车》《北方》《向太阳》《我爱这土地》《我们的田地》； 2. 梳理概括艾青这个时期的抒情主题和诗歌艺术特征。	
第三周	阅读一九四〇年的诗歌	1. 精读《农夫》《土地》《太阳》《鞍辔店》《火把》《刈草的孩子》《黎明的通知》； 2. 微专题阅读，把握艾青诗歌意象"土地"。	诗歌朗诵活动
第四周	阅读一九四一年至一九七八年的诗歌	1. 精读《太阳的话》《给太阳》《礁石》《启明星》《鱼化石》《光的赞歌》； 2. 微专题阅读，把握艾青诗歌意象"太阳"。	

二、要点提示

我们重点阐述一下精读诗歌的方法：

一是把握意象。艾青诗歌的意象集中在"土地"和"太阳"两个方面，其中，"土地"意象关联着土地上的人，主要是中国农民，也包括普通的热血青年。艾青对土地的深沉情感，其实质就是对人民的情感，土地和人民是不可分割的。"太阳"意象关联着太阳照耀的土地和人，主要是黎明的阳光和星星，也包括"火""火把"，还有"灯"等，这些意象都具有强烈的象征意义。

把握艾青诗歌意象，还要关注生活中一些具有特殊含义的事物，如"鱼化石""礁石""镜子""伞""鸽哨"等，要通过联想、想象，细细品味这些生活中的普通事物是怎样被诗人赋予特殊含义的。

　　二是把握情感。艾青诗歌的情感真挚而深沉，他的诗歌有时直白如话，但他能在关键点用强烈的情感抒发来进行渲染，拨动读者的心灵之弦，如"为什么我的眼里常含泪水？因为我对这土地爱得深沉"等。他也擅长在描写的过程中，渗入强烈的情感，如"同着四块钱的棺材和几束稻草，同着几尺长方的埋棺材的土地，同着一手把的纸钱的灰，大堰河，她含泪地去了"等。这些情感特征，需要用心、用情去体味、感悟。不带着情感去阅读，是无法走进诗人的内心世界的，只有带着真挚的情感，才有可能与诗人情感共振，思想同频。

自主阅读

当黎明穿上了白衣

紫蓝的林子与林子之间
由青灰的山坡到青灰的山坡，
绿的草原，
绿的草原，草原上流着
——新鲜的乳液似的烟……

啊，当黎明穿上了白衣的时候，
田野是多么新鲜！
看，
微黄的灯光，
正在电杆上战栗它的最后的时间。
看！

一九三二年一月二十五日
由巴黎到马赛的路上

诗从一开始，就把读者带进了辽阔而美丽的景色中。"林子与林子之间""青灰的山坡到青灰的山坡""绿的草原"等诗句将鲜明的画面依次展开，富有层次感，好像是随着诗人的眼光，一层一层展开，自然而贴切。

前一个"看"字，是提示读者看"微黄的灯光，正在电杆上战栗它的最后的时间"，引发读者的注意和思考，灯光在夜晚照亮黑暗，为行人指路，但到了黎明，它终将被阳光取代，这里以灯光衬托阳光的力量，象征着黎明必定战胜黑暗，新生的力量必将取代衰弱的力量，表达诗人对黎明、对阳光的赞美。而后一个"看"字，则是一种强烈的感叹，灯光与黎明之光无法比拟，也无法抵挡。灯光显得窘迫，无论灯光怎样"挣扎"，都已无济于事。

阳光在远处

阳光在沙漠的远处，
船在暗云遮着的河上驰去，
暗的风，
暗的沙土，
暗的
旅客的心啊。
——阳光嬉笑地
射在沙漠的远处。

一九三二年二月三日　苏伊士河上

诗人创作这首诗的时候，正值年轻时孤身在海外求学。旅途中所见的景色"暗云""暗的沙土"，让异国游学的诗人内心堆积了许多难以言说的情绪，"旅客的心"也因此是"暗的"。这时，一道阳光"嬉笑地""射在""远处"，这句诗写出了太阳的活泼神态，太阳带来了光明，光明象征着希望，而这希望在远方。眼前的景致触发了作者的心绪，写下的诗句引发了读者无尽的思索。

那 边

黑的河流，黑的天。
在黑与黑之间，
疏的，密的，
无千万的灯光。

一切都静默着，
只有那边灯光的一面，
铁的声音，
沸腾的人市的声音，
不断地煽出。

在千万的灯光之间，
红的绿的警灯，一闪闪地亮着，
在每秒钟里，
它警告着人世的永劫的灾难。

黑的河流，黑的天，
在黑与黑之间，
疏的，密的，
无千万的灯光，

这首诗写于作者归国途中，诗歌描述了当时的祖国正面临内忧外患，处于暗无天日的境地，人们艰难地挣扎在满是灾难的人间。诗人深深地为祖国和祖国人民的前途命运而忧心。

看吧，那边是：

永远在挣扎的人间。

一九三二年二月二十六日　湄公河畔

透明的夜

一

透明的夜。

……阔笑从田堤上煽起……
一群酒徒，望
沉睡的村，哗然地走去……
村，
狗的吠声，叫颤了
满天的疏星。

村，
沉睡的街

沉睡的广场，冲进了
醒的酒坊。
酒，灯光，醉了的脸
放荡地笑在一团……

"走

到牛杀场，去
喝牛肉汤……"

二

酒徒们，走向村边
进入了一道灯光敞开的门，
血的气息，肉的堆，牛皮的
热的腥酸……
人的嚣喧，人的嚣喧。

油灯像野火一样，映出
十几个生活在草原上的
泥色的脸。

这里是我们的娱乐场，
那些是多谙熟的面相，
我们拿起
热气蒸腾的牛骨
大开着嘴，咬着，咬着……

"酒，酒，酒
我们要喝。"

油灯像野火一样，映出
牛的血，血染的屠夫的手臂，
溅有血点的
屠夫的头额。

油灯像野火一样，映出

我们火一般的肌肉，以及
——那里面的——
痛苦，愤怒和仇恨的力。

油灯像野火一样，映出
——从各个角落来的——
夜的醒者
醉汉
浪客
过路的盗
偷牛的贼……

"酒，酒，酒
我们要喝。"

　　　　三

……
"趁着星光，发抖
我们走……"
阔笑在田堤上煽起……
一群酒徒，离了
沉睡的村，向
沉睡的原野
哗然地走去……

夜，透明的
夜！

> 诗人描写了一群酒徒、浪客，这群人在夜里冲进酒坊豪饮一场，又奔向杀牛场割肉喝酒，最终游荡在沉睡着的原野和村庄间。诗人描写这群人放纵恣意的举止，抒发了自己内心的迷茫和骚动。

　　　　　　　一九三二年九月十日

大 堰 河

——我的保姆

大堰河，是我的保姆。
她的名字就是生她的村庄的名字，
她是童养媳，
大堰河，是我的保姆。

我是地主的儿子；
也是吃了大堰河的奶而长大了的
大堰河的儿子。
大堰河以养育我而养育她的家，
而我，是吃了你的奶而被养育了的，
大堰河啊，我的保姆。

大堰河，今天我看到雪使我想起了你：
你的被雪压着的草盖的坟墓，
你的关闭了的故居檐头的枯死的瓦菲，
你的被典押了的一丈平方的园地，
你的门前的长了青苔的石椅，
大堰河，今天我看到雪使我想起了你。

大堰河生于穷苦人家，自幼就被贩卖到畈田蒋村当童养媳。生了三个孩子以后，丈夫死了，她为生活所迫，不得不改嫁。因为她来自"大叶荷"村，于是村上的人都叫她为"大叶荷"（后来被艾青误写为"大堰河"）。"大堰河"不是一条河的名字，不是拟人写法。

你用你厚大的手掌把我抱在怀里，
抚摸我；
在你搭好了灶火之后，
在你拍去了围裙上的炭灰之后，
在你尝到饭已煮熟了之后，
在你把乌黑的酱碗放到乌黑的桌子上之后，
在你补好了儿子们的为山腰的荆棘扯破的衣服之后，
在你把小儿被柴刀砍伤了的手包好之后，
在你把夫儿们的衬衣上的虱子一颗颗地掐死之后，
在你拿起了今天的第一颗鸡蛋之后，
你用你厚大的手掌把我抱在怀里，抚摸我。

我是地主的儿子，
在我吃光了你大堰河的奶之后，
我被生我的父母领回到自己的家里。
啊，大堰河，你为什么要哭？

我做了生我的父母家里的新客了！
我摸着红漆雕花的家具，
我摸着父母的睡床上金色的花纹，
我呆呆地看着檐头的我不认得的"天伦叙乐"的匾，
我摸着新换上的衣服的丝的和贝壳的纽扣，
我看着母亲怀里的不熟识的妹妹，
我坐着油漆过的安了火钵的炕凳，
我吃着碾了三番的白米的饭，
但，我是这般忸怩不安！因为我
我做了生我的父母家里的新客了。

大堰河，为了生活，
在她流尽了她的乳液之后，

她就开始用抱过我的两臂劳动了；
她含着笑，洗着我们的衣服，
她含着笑，提着菜篮到村边的结冰的池塘去，
她含着笑，切着冰屑悉索的萝卜，
她含着笑，用手掏着猪吃的麦糟，
她含着笑，扇着炖肉的炉子的火，
她含着笑，背了团箕到广场上去，
晒好那些大豆和小麦，
大堰河，为了生活，
在她流尽了她的乳液之后，
她就用抱过我的两臂，劳动了。

大堰河，深爱着她的乳儿；
在年节里，为了他，忙着切那冬米的糖，
为了他，常悄悄地走到村边的她的家里去，
为了他，走到她的身边叫一声"妈"，
大堰河，把他画的大红大绿的关云长
贴在灶边的墙上，
大堰河，会对她的邻居夸口赞美她的乳儿；
大堰河曾做了一个不能对人说的梦：
在梦里，她吃着她的乳儿的婚酒，
坐在辉煌的结彩的堂上，
而她的娇美的媳妇亲切地叫她"婆婆"
……
大堰河，深爱着她的乳儿！

大堰河，在她的梦没有做醒的时候已死了。
她死时，乳儿不在她的旁侧，
她死时，平时打骂她的丈夫也为她流泪，
五个儿子，个个哭得很悲，

> 大堰河"含着笑"去干活，毫无怨言，这"笑"无疑比"泪"更刺痛人心啊！她希望乳儿"走到她的身边叫一声'妈'"，她梦见乳儿娶亲成家了，"娇美的媳妇亲切地叫她'婆婆'"，这是她付出巨大代价而又是理所当然的最低要求啊！可是在她梦还未醒之时，就被那无情的不公世界吞噬了。

> 不管她一生是多么勤劳、宽厚、仁慈、无私，但是始终摆脱不了"命运"的捉弄，最后，含着满眼的泪花离开了所爱的，但又是应该诅咒的世界。

> 反复用"她死时，乳儿不在她的旁侧"书写诗人心中巨大的遗憾和痛苦，抒发对大堰河的怀念。

她死时，轻轻地呼着她的乳儿的名字，
大堰河，已死了，
她死时，乳儿不在她的旁侧。

大堰河，含泪地去了！
同着四十几年的人世生活的凌侮，
同着数不尽的奴隶的凄苦，
同着四块钱的棺材和几束稻草，
同着几尺长方的埋棺材的土地，
同着一手把的纸钱的灰，
大堰河，她含泪地去了。

这是大堰河所不知道的：
她的醉酒的丈夫已死去，
大儿做了土匪，
第二个死在炮火的烟里，
第三，第四，第五
在师傅和地主的叱骂声里过着日子。
而我，我是在写着给予这不公道的世界的咒语。
当我经了长长的漂泊回到故土时，
在山腰里，田野上，
兄弟们碰见时，是比六七年前更要亲密！
这，这是为你，静静地睡着的大堰河
所不知道的啊！

> 大堰河丈夫和儿子们命运的悲惨更加衬托出大堰河命运的悲惨。

大堰河！今天，你的乳儿是在狱里，
写着一首呈给你的赞美诗，
呈给你黄土下紫色的灵魂，
呈给你拥抱过我的直伸着的手，
呈给你吻过我的唇，

> 这里诗人直抒胸臆，用一组"呈给"句，庄严、虔诚、深情地表达对大堰河的感谢、赞美和怀念。

呈给你泥黑的温柔的脸颜，
呈给你养育了我的乳房，
呈给你的儿子们，我的兄弟们，
呈给大地上一切的，
我的大堰河般的保姆和她们的儿子，
呈给爱我如爱她自己的儿子般的大堰河。

大堰河，
我是吃了你的奶而长大了的
你的儿子，
我敬你
爱你！

一九三三年一月十四日　雪朝

芦 笛

——纪念故诗人阿波里内尔

J'avais un mirliton que je n'aurais
pas échangé contre un baton de
maréchal de France.

——G. Apollinaire

法文，可译为"当年
我有一支芦笛，拿法国
大元帅的节杖我也不
换。——阿波里内尔"。

我从你彩色的欧罗巴
带回了一支芦笛，
同着它，
我曾在大西洋边
像在自己家里般走着，
如今
你的诗集"Alcool"是在上海的巡捕房里，
我是"犯了罪"的，
在这里
芦笛也是禁物。
我想起那支芦笛啊，
它是我对于欧罗巴的最真挚的回忆，
阿波里内尔君，
你不仅是个波兰人，

因为你
在我的眼里，
真是一节流传在蒙马特的故事，
那冗长的，
惑人的，
由玛格丽特震颤的褪了脂粉的唇边
吐出的堇色的故事。
谁不应该朝向那
白里安和俾士麦的版图
吐上轻蔑的唾液呢——
那在眼角里充溢着贪婪，
卑污的盗贼的欧罗巴！
但是，
我耽爱着你的欧罗巴啊，
波特莱尔和兰布的欧罗巴。
在那里，
我曾饿着肚子
把芦笛自矜地吹，
人们嘲笑我的姿态，
因为那是我的姿态呀！
人们听不惯我的歌，
因为那是我的歌呀！
滚吧，
你们这些曾唱了《马赛曲》，
而现在正在淫污着那
光荣的胜利的东西！
今天，
我是在巴士底狱里。
不，不是那巴黎的巴士底狱。
芦笛并不在我的身边，

这首诗写于1933年3月，诗人此时正身陷囹圄，不能公开揭露和批判当时压迫中国的反动统治者，便借唾骂欧洲的白里安和俾士麦，抒发自己内心的愤恨，表达对他们的咒诅。

铁镣也比我的歌声更响，
但我要发誓——对于芦笛，
为了它是在痛苦地被辱着，
我将像一七八九年似的
向灼肉的火焰里伸进我的手去！
在它出来的日子，
将吹送出
对于凌侮过它的世界的
毁灭的咒诅的歌。
而且我要将它高高地举起，
在悲壮的 Hymne
把它送给海，
送给海的波，
粗野地嘶着的
海的波啊！

> 结尾"海的波"象征着人民群众对反动统治者的反抗浪潮。

一九三三年三月二十八日

马　赛

如今
无定的行旅已把我抛到这
陌生的海角的边滩上了。

看城市的街道
摆荡着，
货车也像醉汉一样颠扑，
不平的路
使车辆如村妇般
连咒带骂地滚过……
在路边
无数商铺的前面，
潜伏着
期待着
看不见的计谋，
和看不见的欺瞒……
市集的喧声
像出自运动场上的千万观众的喝彩声般
从街头的那边
冲击地

> 马赛是法国的港口城市，诗歌描绘了马赛这座城市的面貌，表面是繁荣的工业化与经济发展，背后是资本主义对底层劳动人民的重重压榨。

播送而来……
接连不断的行人，匆忙地，
跄踉地，
在我这迟缓的脚步旁边拥去……
他们的眼都一致地
观望他们的前面
——如海洋上夜里的船只
朝向灯塔所指示的路，
像有着生活之幸福的火焰
在茫茫的远处向他们招手
……
在你这陌生的城市里，
我的快乐和悲哀，
都同样地感到单调而又孤独！
像唯一的骆驼，
在无限风飘的沙漠中，
寂寞地寂寞地跨过……
街头群众的欢腾的呼嚷，
也像飓风所煽起的砂石，
向我这不安的心头
不可抗地飞来……
午时的太阳，
是中了酒毒的眼，
放射着混沌的愤怒
和混沌的悲哀……
它
嫖客般
凝视着
厂房之排列与排列之间所伸出的
高高的烟囱。

烟囱！

你这为资本所奸淫了的女子！

头顶上

忧郁地流散着

弃妇之披发般的黑色的煤烟……

多量的

装货的麻袋，

像肺结核病患者的灰色的痰似的

从厂旁的门口，

不停地吐出……看！

工人们摇摇摆摆地来了！

如这重病的工厂

是养育他们的母亲——

保持着血统

他们也像她一样的肌瘦枯干！

他们前进时

溅出了沓杂的言语，

而且

一直把烦琐的会话，

带到电车上去，

和着不止的狂笑

和着习惯的手势

和着红葡萄酒的

空了的瓶子。

海岸的码头上，

堆货栈

和转运公司

和大商场的广告，

强硬地屹立着，

像林间的盗

等待着及时而来的财物。

那大邮轮

就以熟识的眼对看着它们

并且彼此相理解地喧谈。

若说它们之间的

震响的

冗长的言语

是以钢铁和矿石的词句的，

那起重机和搬运车

就是它们的怪奇的嘴。

这大邮轮啊

世界上最堂皇的绑匪！

几年前

我在它的肚子里

就当一条米虫般带到此地来时，

已看到了

它的大肚子的可怕的容量。

它的饕餮的鲸吞

能使东方的丰饶的土地

遭难得

比经了蝗虫的打击和旱灾

还要广大，深邃而不可救援！

半个世纪以来

已使得几个民族在它们的史页上

涂满了污血和耻辱的泪……

而我——

这败颓的少年啊，

就是那些民族当中

几万万里的一员！

今天

大邮轮将又把我

重新以无关心的手势,

抛到它的肚子里,

像另外的

成百成千的旅行者们一样。

马赛!

当我临走时

我高呼着你的名字!

而且我

以深深了解你的罪恶和秘密的眼,

依恋地

不忍舍去地看着你,

看着这海角的沙滩上

叫嚣的

叫嚣的

繁殖着那暴力的

无理性的

你的脸颜和你的

向海洋伸张着的巨臂,

因为你啊

你是财富和贫穷的锁孔,

你是掠夺和剥削的赃库。

马赛啊

你这盗匪的故乡

可怕的城市!

一九三三年

我的季候

今天已不能再坐在
公园的长椅上，看鸽群
环步于石像的周围了。
唯有雨滴
做了这里的散步者；
偶尔听见从静寂里喧起的
它的步伐之单调而悠长的声响，
真有不可却的抑郁
袭进你少年的心头啊。
沿着无尽长的人行道，
街树枝头零落的点滴
飘散在你裸露的颈上；
伸手去触围着公园的
铁的栏栅，像执着
倦于憎爱的妇女之腻指，
使你感到有太快慰了的
新凉……
这是我的季候……
让我打着断续而扬抑起
直升到空虚里去的

> 诗歌描写了诗人在一个秋季雨天里的所思所感，"抑郁"可以看作是全诗的诗眼，透露出诗人的情感。

音节之漫长的口哨，
向一切无人走的道上走去……
每当我想起了……初春之
过甚的浮夸，夏的傲慢的
炽烈，并严冬之可叹的
冷酷时，我愿岁岁朝朝
都挽住了这般的
含有无限懊丧的秋色。
乌黑的怨恨，金煌的情爱
它们一样地与我无关；
而对于生命的挂怀，
和什么幸运的热望呀，
已由萧萧初坠的残叶，
告知你以可信的一切了。
秋啊！
你全般灰色的雨滴，
请你伴着我——为了我
已厌倦于听取那些
佯作真理的烦琐的话语——
和我守着可贵的契默。
跨过那
由车轮溅起了
污水的广场，
往不知名的地方流浪去吧！

> 感受诗人运用关于色彩的词语，来描写其他事物的写作方式，如"乌黑的怨恨""金煌的情爱"。

黎　明

啁啾的小雀淹留着
不是淹留在家园的檐角

阴郁的电线久已成了
比竹篱更阴郁的家

航轮起碇的哨声之后
瓦背上定留新的冷感

梦，已随天边的星坠了
瑟缩的心不再有鼓翼的勇气

天幕是翻飞在窗外的灰蓝布
它飘起了冥想的又一个开始

> 　　两个"阴郁"叠加使用，通过对环境的描写，写出了作者阴郁的心境。

小 黑 手

小吉普赛
有黑的脸
有黑的手

小吉普赛
站在水果铺子的前面
看见红的柿子
看见黄的香蕉

小吉普赛
伸出小黑手
拿了一只香蕉
放进饥饿的嘴里

水果铺子的女主人
飞快地走出水果铺子
夺去了小黑手里的香蕉
而且，向小黑脸上打着

小吉普赛哭了

柿子、香蕉的颜色，手的肤色，脸的肤色，各个颜色区别分明，诗人用颜色写出了社会的割裂。

用小黑手
擦他的小黑脸
他一直把哭声

带到他祖父那儿
他张开饥饿的小嘴
（用我听不懂的话）：
——那是吃的东西
我怎么不能吃？

一九三三年　写于狱中

春　雨

我愿天不下雨——
让我走出这乌黑的城市里的斗室，
走过那些煤屑铺的小路
慢慢地踱到郊外去，
因为此刻是春天——
毛织物该折好的季候了。
我要看一年开放一次的
桃花与杏花
看青草丛中的溪水，
徐缓地游过去
——像一条银色的大蟒蛇；
看公路旁边的电线上的白鸽，
咕叫着，拍着翅膀的白鸽；
看那些用脚踏车滑过柏油路的少女——
那些少女爱穿短裤
在柔风里飘着她们的鬈发，
一片蔚蓝的天
衬出她们鲜红的两颊
和不止的晴朗的笑……
而我将躺在高岗上，

描写春天美丽的景象，透露出诗人求而不得的遗憾。

让白云带着我的心
航过天之海……
我要听那些银铃样的歌声——
来自果树园中的歌声；
那些童年之珍奇的询问；
和那些用风与草编成的情话……
愿啮草的白羊来舐我的手，
我将给篱笆边上的农妇
和她的怀孕的牝牛以祈祷；
而我也将给这远方的，迷失在
煤烟里的城市
和繁忙的人群以怜悯……
但，天却飘起霏霏的雨滴了……

> 结尾的反转，更让读者体会到了现实与理想之间的差距。

一九三七年三月二十三日　上海

太 阳

从远古的墓茔
从黑暗的年代
从人类死亡之流的那边
震惊沉睡的山脉
若火轮飞旋于沙丘之上
太阳向我滚来……

它以难遮掩的光芒
使生命呼吸
使高树繁枝向它舞蹈
使河流带着狂歌奔向它去

当它来时，我听见
冬蛰的虫蛹转动于地下
群众在旷场上高声说话
城市从远方
用电力与钢铁召唤它

于是我的心胸
被火焰之手撕开

"火轮飞旋""滚"，这样的字眼用来描述太阳，极具动感，充满了力量。"滚"可谓全诗的诗眼，成就了整首诗的恢宏气势。

陈腐的灵魂
搁弃在河畔
我乃有对于人类再生之确信

一九三七年春

太阳给"我"带来了力量,带来了生机,使"我"从黑暗中获得了重生。

煤的对话

——A Y.R.

你住在哪里？

我住在万年的深山里
我住在万年的岩石里

你的年纪——

我的年纪比山的更大
比岩石的更大

你从什么时候沉默的？

从恐龙统治了森林的年代
从地壳第一次震动的年代

你已死在过深的怨愤里了吗？

死？不，不，我还活着——
请给我以火，给我以火！

> 一问一答之间，写出了煤的顽强的生命力，暗喻中国人民即使遭遇重重苦难与深深压迫，仍然有着对自由和光明的不可磨灭的渴望与追求。

一九三七年春

春

春天了
龙华的桃花开了
在那些夜间开了
在那些血斑点点的夜间
那些夜是没有星光的
那些夜是刮着风的
那些夜听着寡妇的咽泣
而这古老的土地呀
随时都像一只饥渴的野兽
舐吮着年轻人的血液
顽强的人之子的血液
于是经过了悠长的冬日
经过了冰雪的季节
经过了无限困乏的期待
这些血迹，斑斑的血迹
在神话般的夜里
在东方的深黑的夜里
爆开了无数的蓓蕾
点缀得江南处处是春了
人问：春从何处来？
我说：来自郊外的墓窟。

一九三七年四月

1931年2月7日，五位"左联"作家在上海龙华被国民党秘密枪杀，此诗即是为了纪念五位烈士而写作。

结尾点出春天是由烈士的牺牲换来的，回应了前文对于春光的描绘，揭示了诗歌的主题。

复活的土地

腐朽的日子
早已沉到河底，
让流水冲洗得
快要不留痕迹了；

河岸上
春天的脚步所经过的地方，
到处是繁花与茂草；
而从那边的丛林里
也传出了
忠心于季节的百鸟之
高亢的歌唱。

播种者啊
是应该播种的时候了，
为了我们肯辛勤地劳作，
大地将孕育
金色的颗粒。

就在此刻，

诗人在车厢中眺望青葱的原野，看见繁花和茂草，听见丛林中鸟的歌唱，他祝愿播种者获得金色的颗粒，情境十分恬静。然而诗人不是以观赏的闲情描写田园风光，它的每一行素白的文字，都显示着历史的深度和那个时代特有的动荡的气息，预示着土地的复活和民族的觉醒。

你——悲哀的诗人呀，
也应该拂去往日的忧郁，
让希望苏醒在你自己的
久久负伤着的心里：

因为，我们的曾经死了的大地，
在明朗的天空下
已复活了！
——苦难也已成为记忆，
在它温热的胸膛里
重新漩流着的
将是战斗者的血液。

　　　　　一九三七年七月六日　　沪杭路上

雪落在中国的土地上

雪落在中国的土地上，
寒冷在封锁着中国呀……

风，
像一个太悲哀了的老妇
紧紧地跟随着
伸出寒冷的指爪
拉扯着行人的衣襟，
用着像土地一样古老的话
一刻也不停地絮聒着……

那从林间出现的，
赶着马车的
你中国的农夫，
戴着皮帽，
冒着大雪
你要到哪儿去呢？

告诉你
我也是农人的后裔——

开篇即表现出诗人对中国命运的忧思，并以此忧思贯穿全诗。"寒冷""封锁"奠定了整首诗沉郁的基调。

风像是"一个太悲哀了的老妇"，无声地向人世间泣诉中国土地上的悲哀苦痛。

由于你们的
刻满了痛苦的皱纹的脸
我能如此深深地
知道了
生活在草原上的人们的
岁月的艰辛。

而我
也并不比你们快乐啊
——躺在时间的河流上
苦难的浪涛
曾经几次把我吞没而又卷起——
流浪与监禁
已失去了我的青春的最可贵的日子，
我的生命
也像你们的生命
一样的憔悴呀。

雪落在中国的土地上，
寒冷在封锁着中国呀……

沿着雪夜的河流，
一盏小油灯在徐缓地移行，
那破烂的乌篷船里
映着灯光，垂着头
坐着的是谁呀？

——啊，你
蓬发垢面的少妇，
是不是

赶马车的农夫、草原上的牧民、诗人自己共同组成了在严寒压迫下的中国的第一幅速写。

你的家
——那幸福与温暖的巢穴——
已被暴戾的敌人
烧毁了么？
是不是
也像这样的夜间，
失去了男人的保护，
在死亡的恐怖里
你已经受尽敌人刺刀的戏弄？

咳，就在如此寒冷的今夜
无数的
我们的年老的母亲，
都蜷伏在不是自己的家里
就像异邦人
不知明天的车轮
要滚上怎样的路程……
——而且
中国的路
是如此的崎岖，
是如此的泥泞呀。

破烂的乌篷船、蓬发垢面的少妇、茫然的年老的母亲，组成了苦难中国的第二幅速写。

雪落在中国的土地上，
寒冷在封锁着中国呀……

透过雪夜的草原
那些被烽火所啮啃着的地域，
无数的，土地的垦殖者
失去了他们所饲养的家畜
失去了他们肥沃的田地

拥挤在
生活的绝望的污巷里；
饥馑的大地
朝向阴暗的天
伸出乞援的
颤抖着的两臂。

中国的苦痛与灾难
像这雪夜一样广阔而又漫长呀！
雪落在中国的土地上，
寒冷在封锁着中国呀……

中国，
我的在没有灯光的晚上
所写的无力的诗句
能给你些许的温暖么？

一九三七年十二月二十八日夜间

失去家畜的人们、失去田地的人们、失去家的人们、失去生存空间的人们，他们已走投无路，只能"朝向阴暗的天 / 伸出乞援的 / 颤抖着的两臂"。汹涌的愤怒与悲哀让诗人以强烈的情感勾勒了中国大地的第三幅速写。

最后表明诗人的愿望，希望多灾多难的中国能有所改变。

手 推 车

在黄河流过的地域
在无数的枯干了的河底
手推车
以唯一的轮子
发出使阴暗的天穹痉挛的尖音
穿过寒冷与静寂
从这一个山脚
到那一个山脚
彻响着
北国人民的悲哀

在冰雪凝冻的日子
在贫穷的小村与小村之间
手推车
以单独的轮子
刻画在灰黄土层上的深深的辙迹
穿过广阔与荒漠
从这一条路
到那一条路
交织着
北国人民的悲哀

一九三八年初

手推车是旧时中国北方特有的交通工具，流浪在大地上的手推车承载了"北国人民的悲哀"，也是中华民族所遭受的深重苦难的一种象征。

风 陵 渡

风吹着黄土层上的黄色的泥沙
风吹着黄河的污浊的水
风吹着无数古旧的渡船
风吹着无数渡船上的古旧的布帆

黄色的泥沙
使我们看不见远方
黄河的水
激起险恶的浪
古旧的渡船
载着我们的命运
古旧的布帆
突破了风，要把我们
带到彼岸
风陵渡是险恶的
黄河的浪是险恶的
听啊
那野性的叫喊
它没有一刻不想扯碎我们的渡船
和鲸吞我们的生命
而那潼关啊

"没有一刻不想扯碎我们的渡船 / 和鲸吞我们的生命"，诗句显示出这是一趟险恶的行程，黑暗势力不仅是想阻拦"我们"，更是想要毁灭"我们"。但诗人仍然相信他能够抵达目的地，也暗示他对战争前景抱有着信心。

潼关在黄河的彼岸
它庄严地
守卫着祖国的平安

一九三八年初　风陵渡

北　方

一天
那个科尔沁草原上的诗人
对我说：
"北方是悲哀的。"

不错
北方是悲哀的。
从塞外吹来的
沙漠风，
已卷去北方的生命的绿色
与时日的光辉
——一片暗淡的灰黄
蒙上一层揭不开的沙雾；
那天边疾奔而至的呼啸
带来了恐怖
疯狂地
扫荡过大地；
荒漠的原野
冻结在十二月的寒风里，
村庄呀，山坡呀，河岸呀，

颓垣与荒冢呀
都披上了土色的忧郁……
孤单的行人,
上身俯前
用手遮住了脸颊,
在风沙里
困苦地呼吸
一步一步地
挣扎着前进……
几只驴子
——那有悲哀的眼
和疲乏的耳朵的畜生,
载负了土地的
痛苦的重压,
它们厌倦的脚步
徐缓地踏过
北国的
修长而又寂寞的道路……

那些小河早已枯干了
河底也已画满了车辙,
北方的土地和人民
在渴求着
那滋润生命的流泉啊!
枯死的林木
与低矮的住房
稀疏地,阴郁地
散布在灰暗的天幕下;
天上,
看不见太阳,

只有那结成大队的雁群
惶乱的雁群
击着黑色的翅膀
叫出它们的不安与悲苦，
从这荒凉的地域逃亡
逃亡到
绿荫蔽天的南方去了……

北方是悲哀的
而万里的黄河
汹涌着混浊的波涛
给广大的北方
倾泻着灾难与不幸；
而年代的风霜
刻画着
广大的北方的
贫穷与饥饿啊。

而我
——这来自南方的旅客，
却爱这悲哀的北国啊。
扑面的风沙
与入骨的冷气
决不曾使我咒诅；
我爱这悲哀的国土，
一片无垠的荒漠
也引起了我的崇敬
——我看见
我们的祖先
带领了羊群

吹着笳笛

沉浸在这大漠的黄昏里；

我们踏着的

古老的松软的黄土层里

埋有我们祖先的骸骨啊，

——这土地是他们所开垦

几千年了

他们曾在这里

和带给他们以打击的自然相搏斗

他们为保卫土地，

从不曾屈辱过一次，

他们死了

把土地遗留给我们——

我爱这悲哀的国土，

它的广大而瘦瘠的土地

带给我们以淳朴的言语

与宽阔的姿态，

我相信这言语与姿态

坚强地生活在大地上

永远不会灭亡；

我爱这悲哀的国土，

古老的国土

——这国土

养育了为我所爱的

世界上最艰苦

与最古老的种族。

一九三八年二月四日　潼关

整首诗以欲扬先抑的手法，写出了中华民族的历史悠久、苦难深重，但面对这一切的人民是坚强的，有着巨大的力量，"永远不会灭亡"，而只会担负着这份历史赋予的厚重，坚韧地生活在这片苍茫的土地上。

向 太 阳

从远古的墓茔
从黑暗的年代
从人类死亡之流的那边
震惊沉睡的山脉
若火轮飞旋于沙丘之上
太阳向我滚来……

——引自旧作《太阳》

一 我起来

我起来——
像一只困倦的野兽
受过伤的野兽
从狼藉着败叶的林薮
从冰冷的岩石上
挣扎了好久
支撑着上身
睁开眼睛
向天边寻觅……

这几句诗高度概括地描写了诗人的艰难、坎坷经历。

我——
是一个
从遥远的山地
从未经开垦的山地
到这几千万人
用他们的手劳作着
用他们的嘴呼嚷着
用他们的脚走着的城市来的
旅客，
我的身上
酸痛的身上
深刻地留着
风雨的昨夜的
长途奔走的疲劳

但
我终于起来了

我打开窗
用囚犯第一次看见光明的眼
看见了黎明
——这真实的黎明啊

> "用囚犯第一次看见光明的眼"，表达了见到光明的不易，以及诗人对太阳的强烈的渴望。

（远方
似乎传来了群众的歌声）
于是　我想到街上去

二　街上

早安啊

你站在十字街头

车辆过去时

举着白袖子的手的警察

早安啊

你来自城外的

挑着满箩绿色的菜贩

早安啊

你打扫着马路的

穿着红色背心的清道夫

早安啊

你提了篮子，第一个到菜场去的

棕色皮肤的年轻的主妇

我相信

昨夜

你们决不像我一样

被不停的风雨所追踪

被无止的恶梦所纠缠

你们都比我睡得好啊！

三　昨天

昨天

我在世界上

用可怜的期望

喂养我的日子

像那些未亡人

披着麻缕

用可怜的回忆

喂养她们的日子一样

昨天

我把自己的国土

当作病院

——而我是患了难于医治的病的

没有哪一天

我不是用迟滞的眼睛

看着这国土的

没有边际的凄惨的生命……

没有哪一天

我不是用呆钝的耳朵

听着这国土的

没有止息的痛苦的呻吟

昨天

我把自己关在

精神的牢房里

四面是灰色的高墙

没有声音

我沿着高墙

走着又走着

我的灵魂

不论白日和黑夜

永远地唱着

一曲人类命运的悲歌

昨天

我曾狂奔在

阴暗而低沉的天幕下的

没有太阳的原野

到山巅上去

伏倒在紫色的岩石上
流着温热的眼泪
哭泣我们的世纪

现在好了
一切都过去了

四　日出

太阳向我滚来……
当它来时……
城市从远方
用电力与钢铁召唤它

——引自旧作《太阳》

太阳
从远处的高层建筑
——那些水门汀与钢铁所砌成的山
和那成百的烟突
成千的电线杆子
成万的屋顶
所构成的
密丛的森林里
出来了……

在太平洋
在印度洋
在红海
在地中海
在我最初对世界怀着热望

而航行于无边蓝色的海水上的少年时代
我都曾看着美丽的日出
但此刻
在我所呼吸的城市
喷发着煤油的气息
柏油的气息
混杂的气息的城市
敞开着金属的胴体
矿石的胴体
电火的胴体的城市
宽阔地
承受黎明的爱抚的城市
我看见日出
比所有的日出更美丽

五　太阳之歌

是的
太阳比一切都美丽
比处女
比含露的花朵
比白雪
比蓝的海水
太阳是金红色的圆体
是发光的圆体
是在扩大着的圆体

惠特曼
从太阳得到启示
用海洋一样开阔的胸襟

写出海洋一样开阔的诗篇

凡谷
从太阳得到启示
用燃烧的笔
蘸着燃烧的颜色
画着农夫耕犁大地
画着向日葵

邓肯
从太阳得到启示
用崇高的姿态
披示给我们以自然的旋律

太阳
它更高了
它更亮了
它红得像血

太阳
它使我想起　法兰西　美利坚的革命
想起　博爱　平等　自由
想起　德谟克拉西
想起　《马赛曲》《国际歌》
想起　华盛顿　列宁　孙逸仙
和一切把人类从苦难里拯救出来的
人物的名字

是的
太阳是美的

太阳升起让"我们"一扫往日的阴霾，迎来了光明和灿烂。太阳从世界的海上升起，壮观而磅礴，照亮了全世界，诗人一下子开阔敞亮起来了。"太阳"象征着人类最美的形象：伟大的革命者和英雄人物，响亮的歌曲，如海洋一样开阔的诗篇，用燃烧的笔画的向日葵。

且是永生的

六　太阳照在

初升的太阳
照在我们的头上
照在我们的久久地低垂着
不曾抬起过的头上
太阳照着我们的城市和村庄
照着我们的久久地住着
屈服在不正的权力下的城市和村庄
太阳照着我们的田野、河流和山峦
照着我们的从很久以来
到处都蠕动着痛苦的灵魂的
田野、河流和山峦……

今天
太阳的炫目的光芒
把我们从绝望的睡眠里刺醒了
也从那遮掩着无限痛苦的迷雾里
刺醒了我们的城市和村庄
也从那隐蔽着无边忧郁的烟雾里
刺醒了我们的田野、河流和山峦
我们仰起了沉重的头颅
从濡湿的地面
一致地
向高空呼嚷
"看我们
我们
笑得像太阳！"

诗人再次赞美太阳驱除黑暗，带来光明；驱除绝望和痛苦，带来欢乐和希望。

七　在太阳下

"看我们
我们
笑得像太阳!"

那边
一个伤兵
支撑着木制的拐杖
沿着长长的墙壁
跨着宽阔的步伐
太阳照在他的脸上
照在他纯朴地笑着的脸上
他一步一步地走着
他不知道我在远处看着他
当他的披着绣有红十字的灰色衣服的
高大的身体
走近我的时候
这太阳下的真实的姿态
我觉得
比拿破仑的铜像更漂亮
太阳照在
城市的上空

街上的人
这么多，这么多
他们并不曾向我打招呼
但我向他们走去
我看着每一个从我身边走过的人

对他们
我不再感到陌生

太阳照着他们的脸
照着他们的
光洁的，年轻的脸
发皱的，年老的脸
红润的，少女的脸
善良的，老妇的脸
和那一切的
昨天还在惨愁着但今天却笑着的脸
他们都匆忙地
摆动着四肢
在太阳光下
来来去去地走着
——好像他们被同一的意欲所驱使似的
他们含着微笑的脸
也好像在一致地说着
"我们爱这日子
不是因为我们
看不见自己的苦难
不是因为我们
看不见饥饿与死亡
我们爱这日子
是因为这日子给我们
带来了灿烂的明天的
最可信的音讯。"

太阳光
闪烁在古旧的石桥上……

诗人通过一个特写镜头——古桥、少女、歌唱、募捐，表现全民抗日的热潮，抒发对抗战胜利的信心。

几个少女——

那些幸福的象征啊

背着募捐袋

在石桥上

在太阳下

唱着清新的歌

"我们是天使

健康而纯洁

我们的爱人

年轻而勇敢

有的骑战马

驰骋在旷野

有的驾飞机

飞翔在天空……"

（歌声中断了，她们在向行人募捐）

现在

她们又唱了

"他们上战场

奋勇杀敌人

我们在后方

慰劳与宣传

一天胜利了

欢聚在一堂……"

她们的歌声

是如此悠扬

太阳照着她们的

骄傲地突起的胸脯

和袒露着的两臂

和发出尊严的光辉的前额

她们的歌

飘到桥的那边去了……

太阳的光
泛滥在街上

浴在太阳光里的
街的那边
一群穿着被煤烟弄脏了的衣服的工人
扛抬着一架机器
——金属的棱角闪着白光
太阳照在
他们流汗的脸上
当他们每一步前进时
他们发出缓慢而沉洪的呼声
"杭——唷
杭——唷
我们是工人
工人最可怜
贫穷中诞生
劳动里成长
一年忙到头
为了吃与穿
吃又吃不饱
穿又穿不暖
杭——唷
杭——唷
自从八一三
敌人来进攻
工厂被炸掉
东西被抢光

几千万工友

饥饿与流亡

我们在后方

要加紧劳动

为国家生产

为抗战流汗

一天胜利了

生活才饱暖

杭——唷

杭——唷……"

他们带着不止的杭唷声

转弯了……

太阳光

泛滥在旷场上

旷场上

成千的穿草黄色制服的士兵

在操演

他们头上的钢盔

和枪上的刺刀

闪着白光

他们以严肃的静默

等待着

那及时的号令

现在

他们开步了

从那整齐的步伐声里

我听见

"一！二！三！四！

一！二！三！四！
我们是从田野来的
我们是从山村来的
我们生活在茅屋
我们呼吸在畜棚
我们耕犁着田地
田地是我们的生命
但今天
敌人来到我们的家乡
我们的茅屋被烧掉
我们的牲口被吃光
我们的父母被杀死
我们的妻女被强奸
我们没有了镰刀与锄头
只有背上了子弹与枪炮
我们要用闪光的刺刀
抢回我们的田地
回到我们的家乡
消灭我们的敌人
敌人的脚踏到哪里
敌人的血流到哪里……
……
一！二！三！四！
一！二！三！四！
……"
这真是何等的奇遇啊……

八　今天

今天

奔走在太阳的路上

我不再垂着头

把手插在裤袋里了

嘴也不再吹那寂寞的口哨

不看天边的流云

不彷徨在人行道

今天

在太阳照着的人群当中

我决不专心寻觅

那些像我自己一样惨愁的脸孔了

今天

太阳吻着我昨夜流过泪的脸颊

吻着我被人世间的丑恶厌倦了的眼睛

吻着我为正义喊哑了声音的嘴唇

吻着我这未老先衰的

啊！快要佝偻了的背脊

今天

我听见

太阳对我说

"向我来

从今天

你应该快乐些啊……"

于是

被这新生的日子所蛊惑

我欢喜清晨郊外的军号的悠远的声音

我欢喜拥挤在忙乱的人丛里

我欢喜从街头敲打过去的锣鼓的声音
我欢喜马戏班的演技
当我看见了那些原始的，粗暴的，健康的运动
我会深深地爱着它们
——像我深深地爱着太阳一样

今天
我感谢太阳
太阳召回了我的童年了

九　我向太阳

我奔驰
依旧乘着热情的轮子
太阳在我的头上
用不能再比这更强烈的光芒
燃灼着我的肉体
由于它的热力的鼓舞
我用嘶哑的声音
歌唱了：
"于是，我的心胸
被火焰之手撕开
陈腐的灵魂
搁弃在河畔……"
这时候
我对我所看见　所听见
感到了从未有过的宽怀与热爱
我甚至想在这光明的际会中死去……

一九三八年四月　在武昌

秋 日 游

爱看晴朗的秋日的
云影走过的草原，
草原的低洼处
星散着白色的山羊，
它们各自啮啃着青草，
没有一个人去看管；
新筑的黄土公路沿着小溪
弯进了杂色的树林，
又出现在远方的
照着阳光的山坡上……
我们不是去访久别的朋友，
只因为这是初次走的路
在云影和阳光隐现的路上
徐缓地走着而感到单纯地欢喜……
云团在空中腾涌着
从太阳光里却飘下雨滴，
雨，随着愈下愈大了，
但四方的原野
却仍在阳光里伸展着；
我们在一个山村旁边的

诗歌写出了诗人走在秋日草原上的由衷欢喜，突如其来的急雨也没有影响诗人的好心情。

几棵大树的根上坐下躲雨。

雨却又像急速的行军转向北方去了⋯⋯

此刻留下的是润湿的凉气⋯⋯

踏上闪着水光的石板路

走过新造的石桥

走过一个山岗

那大树林就以它的无边的荫影

迎接了我们——

这是一个由榉子树，樟树，松树

和各种不知名的树挤集成的树林啊⋯⋯

当我们跨进了树林，

在草地上坐下时，

我们就惊乱了无数的白色的鹭鸶鸟——

它们拍着翅膀

嘴里发出鸣叫

在丛密的绿色中飞起——

它们大概是久久栖息在这里的隐世者吧。

一九三八年八月初　衡山

我爱这土地

假如我是一只鸟，
我也应该用嘶哑的喉咙歌唱：
这被暴风雨所打击着的土地，
这永远汹涌着我们的悲愤的河流，
这无止息地吹刮着的激怒的风，
和那来自林间的无比温柔的黎明……
——然后我死了，
连羽毛也腐烂在土地里面。

为什么我的眼里常含泪水？
因为我对这土地爱得深沉……

一九三八年十一月十七日

"嘶哑的喉咙""被暴风雨所打击着的土地""悲愤的河流""激怒的风""温柔的黎明"，这些意象都有强烈的修饰词，描绘了中华大地所遭受的痛苦和灾难，但生活在这块土地上的人民自有一种不屈不挠、奋起反抗的精神。

"为什么我的眼里常含泪水？因为我对这土地爱得深沉"，这种爱太深厚、太沉重，爱到最后已无法诉诸语言，只能凝成晶莹的泪水。诗人直抒胸臆，一问一答，对土地的热爱纯粹而深沉，不容置疑。

冬日的林子

我欢喜走过冬日的林子——
没有阳光的冬日的林子
干燥的风吹着的冬日的林子
天像要下雪的冬日的林子

没有色泽的冬日是可爱的
没有鸟的聒噪的冬日是可爱的
冬日的林子里一个人走着是幸福的
我将如猎者般轻悄地走过
而我决不想猎获什么……

一九三九年二月十五日

朴素的诗句描写出诗人细腻的情感：冬天，一个人只要单纯地、毫无所求地走在林子里，就是幸福的。

我们的田地

从什么时候起的,
我们爱这田地?
这田地是如此肥沃——
它发散着刺鼻的香气,
它的黑色是无光而柔和的。
我们从小就以赤裸的脚
踩踩着它细软的泥土;
我们长大了,才知道
就是它,以黑色的乳液
哺育了我们的生命……
年年的春天,
我们用耕犁把它翻耕,
又用锄头把它锄碎,
分成了一排排整齐的田畦,
散下了一颗颗净洁的种子;
跟随着肥料的浇泼,
与雨露的滋润,
它吐出了一点一点的青苗;
接着太阳的暴晒
与溪流的灌溉,

它迅速地长遍了

秆与叶——这就是我们的喜悦啊！

到了夏天，

已是一片茂密的绿色

遮住了黑色的土壤；

一天一天地过去，

开花，结穗，金色的颗粒，

遍地闪烁着光彩……是秋天了！

我们以感激

迎接这收获的季节：

一颗果子，是一粒汗，

却也是一年劳力的慰安——

我们靠着它，

换得了一家的饱暖，

度过了严寒的冬天；

……我们怎能不爱

这丰饶而美丽的田地呢？

如今，无赖的暴徒

持着枪杆，从那边来了，

他们想凭着强悍

来抢夺我们的田地……

——告诉我：

如果我们失去了它，

我们怎能生活呢？

> 我们在田地上春耕夏种、秋收冬藏，田地上的收获让我们得以抵抗饥寒，得以生存。诗句表达了诗人对田地深沉的感激与爱恋，结尾用疑问句再一次强调了田地的重要性。

一九三九年春　桂林

吹 号 者

　　好像曾经听到人家说过，吹号者的命运是悲苦的，当他用自己的呼吸磨擦了号角的铜皮使号角发出声响的时候，常常有细到看不见的血丝，随着号声飞出来……

　　吹号者的脸常常是苍黄的……

一

在那些蜷卧在铺散着稻草的地面上的
困倦的人群里，
在那些穿着灰布衣服的污秽的人群里，
他最先醒来——
他醒来显得如此突兀
每天都好像被惊醒似的，
是的，他是被惊醒的，
惊醒他的
是黎明所乘的车辆的轮子
滚在天边的声音。

他睁开了眼睛，
在通宵不熄的微弱的灯光里
他看见了那挂在身边的号角，

他困惑地凝视着它
好像那些刚从睡眠中醒来
第一眼就看见自己心爱的恋人的人
一样欢喜——
在生活注定给他的日子当中
他不能不爱他的号角；

号角是美的——
它的通身
发着健康的光彩，
它的颈上
结着绯红的流苏。

吹号者从铺散着稻草的地面上起来了，
他不埋怨自己是睡在如此潮湿的泥地上，
他轻捷地绑好了裹腿，
他用冰冷的水洗过了脸，
他看着那些发出困乏的鼾声的同伴，
于是他伸手携去了他的号角；
门外依然是一片黝黑，
黎明没有到来，
那惊醒他的
是他自己对于黎明的
过于殷切的想望。

> 黎明并没有到来，吹号者仍然身处黑暗，但他内心深处充满了对于黎明的渴望，迫不及待要向人们通知黎明将要到来。

他走上了山坡，
在那山坡上伫立了很久，
终于他看见这每天都显现的奇迹：
黑夜收敛起她那神秘的帷幔，
群星倦了，一颗颗地散去……

黎明——这时间的新嫁娘啊
乘上有金色轮子的车辆
从天的那边到来……
我们的世界为了迎接她，
已在东方张挂了万丈的曙光……
看，
天地间在举行着最隆重的典礼……

二

现在他开始了，
站在蓝得透明的天穹的下面，
他开始以原野给他的清新的呼吸
吹送到号角里去，
——也夹带着纤细的血丝么？
使号角由于感激
以清新的声响还给原野，
——他以对于丰美的黎明的倾慕
吹起了起身号，
那声响流荡得多么辽远啊……
世界上的一切，
充溢着欢愉
承受了这号角的召唤……

林子醒了
传出一阵阵鸟雀的喧吵，
河流醒了
招引着马群去饮水，
村野醒了
农妇匆忙地从堤岸上走过，

旷场醒了
穿着灰布衣服的人群
从披着晨曦的破屋中出来，
拥挤着又排列着……

于是，他离开了山坡，
又把自己消失到那
无数的灰色的行列中去。
他吹过了吃饭号，
又吹过了集合号，
而当太阳以轰响的光彩
辉煌了整个天穹的时候，
他以催促的热情
吹出了出发号。

三

那道路
是一直伸向永远没有止点的天边去的，
那道路
是以成万人的脚蹂踏着
成千的车轮滚辗着的泥泞铺成的，
那道路
连接着一个村庄又连接一个村庄，
那道路
爬过了一个土坡又爬过一个土坡，
而现在
太阳给那道路镀上了黄金了，
而我们的吹号者
在阳光照着的长长的队伍的最前面，

以行进号
给前进着的步伐
做了优美的拍节……

四

灰色的人群
散布在广阔的原野上，
今日的原野啊，
已用展向无限去的暗绿的苗草
给我们布置成庄严的祭坛了：
听，震耳的巨响
响在天边，
我们呼吸着泥土与草混合着的香味，
却也呼吸着来自远方的烟火的气息，
我们蛰伏在战壕里，
沉默而严肃地期待着一个命令，
像临盆的产妇
痛楚地期待着一个婴儿的诞生，
我们的心胸
从来未曾有像今天这样充溢着爱情，
在时代安排给我们的
——也是自己预定给自己的
生命之终极的日子里，
我们没有一个不是以圣洁的意志
准备着获取在战斗中死去的光荣啊！

五

于是，惨酷的战斗开始了——

无数千万的战士
在闪光的惊觉中跃出了战壕，
广大的，急剧的奔跑
威胁着敌人地向前移动……
在震撼天地的冲杀声里，
在决不回头的一致的步伐里，
在狂流般奔涌着的人群里，
在紧密的连续的爆炸声里，
我们的吹号者
以生命所给予他的鼓舞，
一面奔跑，一面吹出了那
短促的，急迫的，激昂的，
在死亡之前决不中止的冲锋号，
那声音高过了一切，
又比一切都美丽，
正当他由于一种不能闪避的启示
任情地吐出胜利的祝祷的时候，
他被一颗旋转过他的心胸的子弹打中了！
他寂然地倒下去
没有一个人曾看见他倒下去，
他倒在那直到最后一刻
都深深地爱着的土地上，
然而，他的手
却依然紧紧地握着那号角；
在那号角滑溜的铜皮上，
映出了死者的血
和他的惨白的面容；
也映出了永远奔跑不完的
带着射击前进的人群，
和嘶鸣的马匹，

和隆隆的车辆……
而太阳，太阳
使那号角射出闪闪的光芒……

听啊，
那号角好像依然在响……

一九三九年三月末

惨酷的战争中，吹号者慷慨就义，这是一幅悲壮的画面。诗人在结尾发自内心地赞美着为了追求光明，奉献出自己生命的吹号者，为他谱写了一曲高昂的赞歌。

他死在第二次

一 舁床

等他醒来时
他已睡在舁床上
他知道自己还活着
两个弟兄抬着他
他们都不说话

天气冻结在寒风里
云低沉而移动
风静默地摆动树梢
他们急速地
抬着舁床
穿过冬日的林子

经过了烧灼的痛楚
他的心现在已安静了
像刚经过了可怕的恶斗的战场
现在也已安静了一样

然而他的血
从他的臂上渗透了绷纱布
依然一滴一滴地
淋滴在祖国的冬季的路上

特写血迹，突出了战争的残酷。

就在当天晚上
朝向和他的舁床相反的方向
那比以前更大十倍的庄严的行列
以万人的脚步
擦去了他的血滴所留下的紫红的斑迹

二　医院

我们的枪哪儿去了呢
还有我们的涂满血渍的衣服呢
另外的弟兄戴上我们的钢盔
我们穿上了绣有红十字的棉衣
我们躺着又躺着
看着无数的被金属的溶液
和瓦斯的毒气所啮蚀过的肉体
每个都以疑惧的深黑的眼
和连续不止的呻吟
迎送着无数的日子
像迎送着黑色棺材的行列
在我们这里
没有谁的痛苦
会比谁少些的
大家都以仅有的生命
为了抵挡敌人的进攻
迎接了酷烈的射击——

我们都曾把自己的血
流洒在我们所守卫的地方啊……
但今天，我们是躺着又躺着
人们说这是我们的光荣
我们却不要这样啊
我们躺着，心中怀念着战场
比怀念自己生长的村庄更亲切
我们依然欢喜在
烽火中奔驰前进啊
而我们，今天，我们
竟像一只被捆绑了的野兽
呻吟在铁床上
——我们痛苦着，期待着
要到何时呢？

三 手

每天在一定的时候到来
那女护士穿着白衣，戴着白帽
无言地走出去又走进来
解开负伤者的伤口的绷纱布
轻轻地扯去药水棉花
从伤口洗去发臭的脓和血
纤细的手指是那么轻巧
我们不会有这样的妻子
我们的姊妹也不是这样的
洗去了脓与血又把伤口包扎
那么轻巧，都用她的十个手指
都用她那纤细洁白的手指
在那十个手指的某一个上闪着金光

那金光晃动在我们的伤口
也晃动在我们的心的某个角落……
她走了仍是无言地
她无言地走了后我看着自己的一只手
这是曾经拿过锄头又举过枪的手
为劳作磨成笨拙而又粗糙的手
现在却无力地搁在胸前
长在负了伤的臂上的手啊
看着自己的手也看着她的手
想着又苦恼着
苦恼着又想着
究竟是什么缘分啊
这两种手竟也被搁在一起

四　愈合

时间在空虚里过去
他走出了医院
像一个囚犯走出了牢监
身上也脱去笨重的棉衣
换上单薄的灰布制服
前襟依然绣着一个红色的十字
自由，阳光，世界已走到了春天
无数的人们在街上
使他感到陌生而又亲切啊
太阳强烈地照在街上
从长期的沉睡中惊醒的
生命，在光辉里跃动
人们匆忙地走过
只有他仍是如此困倦

谁都不曾看见他——
一个伤兵，今天他的创口
已愈合了，他欢喜
但他更严重地知道
这愈合所含有的更深的意义
只有此刻他才觉得
自己是一个兵士
一个兵士必须在战争中受伤
伤好了必须再去参加战争
他想着又走着
步伐显得多么不自然啊
他的脸色很难看
人们走着，谁都不曾
看见他脸上的一片痛苦啊
只有太阳，从电杆顶上
伸下闪光的手指
抚慰着他的惨黄的脸
那在痛苦里微笑着的脸……

五　姿态

他披着有红十字的灰布衣服
让两襟摊开着，让两袖悬挂着
他走在夜的城市的宽直的大街上
他走在使他感到陶醉的城市的大街上
四周喧腾的声音，人群的声音
车辆的声音，喇叭和警笛的声音
在紧迫地拥挤着他，推动着他，刺激着他，
在那些平坦的人行道上
在那些炫目的电光下

在那些滑溜的柏油路上
在那些新式汽车的行列的旁边
在那些穿着艳服的女人面前
他显得多么褴褛啊
而他却似乎突然想把脚步放宽些
（因为他今天穿有光荣的袍子）
他觉得他是应该
以这样的姿态走在世界上的
也只有和他一样的人才应该
以这样的姿态走在世界上的
然而，当他觉得这样地走着
——昂着头，披着灰布的制服，跨着大步
感到人们的眼都在看着他的脚步时
他的浴在电光里的脸
却又羞愧地红起来了
为的是怕那些人们
已猜到了他心中的秘密——
其实人家并不曾注意到他啊

六　田野

这是一个晴朗的日子
他向田野走去
像有什么向他招呼似的

今天，他的脚踏在
田堤的温软的泥土上
使他感到莫名的欢喜
他脱下鞋子
把脚浸到浅水沟里

又用手拍弄着流水
多久了——他生活在
由符号所支配的日子
而他的未来的日子
也将由符号去支配
但今天，他必须在田野上
就算最后一次也罢
找寻那向他招呼的东西
那东西他自己也不晓得是什么
他看见了水田
他看见一个农夫
他看见了耕牛
一切都一样啊
到处都一样啊
——人们说这是中国
树是绿了，地上长满了草
那些泥墙，更远的地方
那些瓦屋，人们走着
——他想起人们说这是中国
他走着，他走着
这是什么日子呀
他竟这样愚蠢而快乐
年节里也没有这样快乐呀
一切都在闪着光辉
到处都在闪着光辉
他向那正在忙碌的农夫笑
他自己也不晓得为什么笑
农夫也没有看见他的笑

七　一瞥

沿着那伸展到城郊去的

林荫路，他在浓蓝的阴影里走着
避开刺眼的阳光，在阴暗里
他看见：那些马车，轻快地
滚过，里面坐着一些
穿得那么整齐的男女青年
从他们的嘴里飘出笑声
和使他不安的响亮的谈话
他走着，像一个衰惫的老人
慢慢地，他走近一个公园
在公园的进口的地方
在那大理石的拱门的脚旁
他看见：一个残废了的兵士
他的心突然被一种感觉所惊醒
于是他想着：或许这残废的弟兄
比大家都更英勇，或许
他也曾愿望自己葬身在战场
但现在，他必须躺着呻吟着
呻吟着又躺着
过他生命的残年
啊，谁能忍心看这样子
谁看了心中也要烧起了仇恨
让我们再去战争吧
让我们在战争中愉快地死去
却不要让我们只剩了一条腿回来
哭泣在众人的面前
伸着污秽的饥饿的手
求乞同情的施舍啊！

八 递换

他脱去了那绣有红十字的灰布制服

又穿上了几个月之前的草绿色的军装

那军装的血渍到哪儿去了呢

而那被子弹穿破的地方也已经缝补过了

他穿着它，心中起了一阵激动

这激动比他初入伍时的更深沉

他好像觉得这军装和那有红十字的制服

有着一种永远拉不开的联系似的

他们将永远穿着它们，递换着它们

是的，递换着它们，这是应该的

一个兵士，在自己的

祖国解放的战争没有结束之前

这两种制服是他生命的旗帜

这样的旗帜应该激剧地

飘动在被践踏的祖国的土地上……

九　欢送

以接连不断的爆竹声作为引导

以使整个街衢都激动的号角声作为引导

以挤集在长街两旁的群众的呼声作为引导

让我们走在众人的愿望所铺成的道上吧

让我们走在从今日的世界到明日的世界的道上吧

让我们走在那每个未来者都将以感激来追忆的道上吧

我们的胸膛高挺

我们的步伐齐整

我们在人群所砌成的短墙中间走过

我们在自信与骄傲的中间走过

我们的心除了光荣不再想起什么

我们除了追踪光荣不再想起什么

我们除了为追踪光荣而欣然赴死不再想起什么……

十 一念

你曾否知道
死是什么东西?
——活着,死去,
虫与花草
也在生命的蜕变中蜕化着……
这里面,你所想起的
是什么呢?
当兵,不错,
把生命交给了战争
死在河畔!
死在旷野!
冷露凝冻了我们的胸膛
尸体腐烂在野草丛里
多少年代了
人类用自己的生命
肥沃了土地
又用土地养育了
自己的生命
谁能逃避这自然的规律
——那么,我们为这而死
又有什么不应该呢?
背上了枪
摇摇摆摆地走在长长的行列中
你们的心不是也常常被那
比爱情更强烈的什么东西所苦恼吗?
当你们一天出发了,走向战场
你们不是也常常

这一章节深入描写了士兵对生与死、自然的规律、人生价值等的思索和追问。

觉得自己曾是生活着，

而现在却应该去死

——这死就为了

那无数的未来者

能比自己生活得幸福么？

一切的光荣

一切的赞歌

又有什么用呢？

假如我们不曾想起

我们是死在自己圣洁的志愿里？

——而这，竟也是如此不可违反的

民族的伟大的意志呢？

十一　挺进

挺进啊，勇敢啊

上起刺刀吧，兄弟们

把千万颗心紧束在

同一的意志里：

为祖国的解放而斗争呀！

什么东西值得我们害怕呢——

当我们已经知道为战斗而死是光荣的？

挺进啊，勇敢啊

朝向炮火最浓密的地方

朝向喷射着子弹的堑壕

看，胆怯的敌人

已在我们驰奔直前的步伐声里颤抖了！

挺进啊，勇敢啊

屈辱与羞耻

是应该终结了——

我们要从敌人的手里

夺回祖国的命运

只有这神圣的战争

能带给我们自由与幸福……

挺进啊，勇敢啊

这光辉的日子

是我们所把握的！

我们的生命

必须在坚强不屈的斗争中

才能冲击奋发！

兄弟们，上起刺刀

勇敢啊，挺进啊！

十二　他倒下了

竟是那么迅速

不容许有片刻的考虑

和像电光般一闪的那惊问的时间

在燃烧着的子弹

第二次——也是最后一次啊——

穿过他的身体的时候

他的生命

曾经算是在世界上生活过的

终于像一株

被大斧所砍伐的树似的倒下了

在他把从那里可以看着世界的窗子

那此刻是蒙上喜悦的泪水的眼睛

永远关闭了之前的一瞬间

他不能想起什么

——母亲死了

又没有他曾亲昵过的女人
一切都这么简单

一个兵士
不晓得更多的东西
他只晓得
他应该为这解放的战争而死
当他倒下了
他也只晓得
他所躺的是祖国的土地
——因为人们
那些比他懂得更多的人们
曾经如此告诉过他

不久，他的弟兄们
又去寻觅他
——这该是生命之最后一次的访谒
但这一次
他们所带的不再是舁床
而是一把短柄的铁铲

也不曾经过选择
人们在他所守卫的
河岸不远的地方
挖掘了一条浅坑……

在那夹着春草的泥土
覆盖了他的尸体之后
他所遗留给世界的
是无数的星布在荒原上的

作者详细地记录了一位战士受伤——重返战场——最终战死的经历，深入剖析了他的所思所想，塑造出一个真实的、有血有肉的战士形象，却又在结尾强调这位战士被埋在了无名之墓，两者形成了一种强烈的对比，给予读者心灵上的一记重击。

可怜的土堆中的一个
在那些土堆上
人们是从来不标出死者的名字的
——即使标出了
又有什么用呢？

一九三九年春末

桥

当土地与土地被水分割了的时候，
当道路与道路被水截断了的时候，
智慧的人类伫立在水边：
于是产生了桥。

苦于跋涉的人类，
应该感谢桥啊。

桥是土地与土地的联系；
桥是河流与道路的爱情；
桥是船只与车辆点头致敬的驿站；
桥是乘船者与步行者挥手告别的地方。

一九三九年秋

这是一首富含哲理的小诗，"桥"既是土地与土地的连接，也是人与人分离的场所，桥还有更多象征意义，留待读者细细品味。

秋　晨

凉爽的早晨
太阳刚升起来的早晨
可怜的乡村的早晨

一只白色眼圈的小鸟
站在低矮的房子的黑瓦上
像在想着什么似的
看着彩云满布的高空

秋天了
我来南方已一年了
此地没有热带的呼吸
看不见参天的椰子林
心里早已有难言的结郁

但今天，当我要离去时
我的心竟如此不安
——中国的乡村
虽然到处都一样贫穷、污秽、灰暗
但到处都一样的使我留恋

乡村生活虽然贫穷、污秽、灰暗，但从诗人离别时的不安与留恋，仍然可以看出诗人对祖国的热爱、对乡村的牵挂。

一九三九年九月　在桂林乡间

旷　野

薄雾在迷蒙着旷野啊……

看不见远方——
看不见往日在晴空下的
天边的松林，
和在松林后面的
迎着阳光发闪的白垩岩了；
前面只隐现着
一条渐渐模糊的
灰黄而曲折的道路，
和道路两旁的
乌暗而枯干的田亩……

田亩已荒芜了——
狼藉着犁翻了的土块，
与枯死的野草，
与杂在野草里的
腐烂了的禾根；
在广大的灰白里呈露出的
到处是一片土黄，暗赭，

与焦茶的颜色的混合啊……
——只有几畦萝卜，菜蔬
以披着白霜的
稀疏的绿色，
点缀着
这平凡，单调，简陋
与卑微的田野。

那些池沼毗连着，
为了久旱
积水快要枯涸了；
不透明的白光里
弯曲着几条淡褐色的
不整齐的堤岸；
往日翠茂的
水草和荷叶
早已沉淀在水底了，
留下的一些
枯萎而弯曲的枝干，
呆然站立在
从池面徐缓地升起的水蒸气里……

山坡横陈在前面，
路转上了山坡，
并且随着它的起伏
而向下面的疏林隐没……
山坡上，
灰黄的道路的两旁，
感到阴暗而忧虑的
只是一些散乱的墓堆，

景色描写突出了旷野的单调和丑陋。

和快要被湮埋了的
黑色的石碑啊。

一切都这样地
静止，寒冷，而显得寂寞……

灰黄而曲折的道路啊！
人们走着，走着，
向着不同的方向，
却好像永远被同一的影子引导着，
结束在同一的命运里；
在无止的劳困与饥寒的前面
等待着的是灾难、疾病与死亡——
彷徨在旷野上的人们
谁曾有过快活呢？

然而
冬天的旷野
是我所亲切的——
在冷彻肌骨的寒霜上
我走过那些不平的田塍，
荒芜的池沼的边岸，
和褐色阴暗的山坡，
步伐是如此沉重，直至感到困厄
——像一头耕完了土地
带着倦怠归去的老牛一样……

而雾啊——
灰白而混浊，
茫然而莫测，

它在我的前面
以一根比一根更暗淡的
电杆与电线，
向我展开了
无限的广阔与深邃……

你悲哀而旷达，
辛苦而又贫困的旷野啊……

没有什么声音，
一切都好像被雾窒息了；
只在那边
看不清的灌木丛里
传出了一片
畏慑于严寒的
抖索着毛羽的
鸟雀的聒噪……

在那芦蒿和荆棘所编的篱围里
几间小屋挤聚着——
它们都一样地
以墙边柴木的凌乱，
与竹竿上垂挂的褴褛，
叹息着
徒然而无终止的勤劳；
又以凝霜的树皮盖的屋背上
无力地混合在雾里的炊烟，
描画了
不可逃避的贫穷……

人们在那些小屋里
过的是怎样惨淡的日子啊……
生活的阴影覆盖着他们……
那里好像永远没有白日似的，
他们和家畜呼吸在一起，
——他们的床榻也像畜棚啊；
而那些破烂的被絮，
就像一堆泥土一样的
灰暗而又坚硬啊……

而寒冷与饥饿，
愚蠢与迷信啊，
就在那些小屋里
强硬地盘踞着……

农人从雾里
挑起篾箩走来，
篾箩里只有几束葱和蒜；
他的毡帽已破烂不堪了，
他的脸像他的衣服一样污秽，
他的冻裂了皮肤的手
插在腰束里，
他的赤着的脚
踏着凝霜的道路，
他无声地
带着扁担所发出的微响，
慢慢地
在蒙着雾的前面消失……

旷野啊——

> 诗人对农人的外貌和动作进行了细致的描绘，刻画出一个在苦难的生活中隐忍、沉默的农人形象。

你将永远忧虑而容忍

不平而又缄默么？

薄雾在迷蒙着旷野啊……

一九四〇年一月三日晨

树

一棵树，一棵树
彼此孤立地兀立着
风与空气
告诉着它们的距离

但是在泥土的覆盖下
它们的根伸长着
在看不见的深处
它们把根须纠缠在一起

　　诗歌表面描写树的生存状态，暗喻了中华民族面对战争时的精神状态——战争与压迫不会使我们屈服，只会使中华民族团结起来，凝聚成一股抗争的力量。

一九四〇年春

解　冻

多少日子被严寒窒息着；
多少残留的生命，
在凝固着的地层里
发出了微弱的喘吁……
今天，接受了这温暖的抚慰，
一切冻结着的都苏醒了——
深山里的积雪呀，
溪涧里的冰层呀，
在这久别的阳光下
融化着，解裂着……
到处都润湿了，
到处都淋着水柱；
在这晴朗的早晨，
每一滴水
都得到了光明的召唤，
欣欣地潜入低洼处，
转过阴暗的角落，
沿着山脚
向平野奔流……

平野摊开着，
被由山峰所投下的黑影遮蔽着；
乌暗的土地，
铺盖着灰白的寒霜，
地面上浮起了一层白气，
它在向上升华着，升华着，
直到和那从群山的杂乱的岩石间
浮移着的云团混合在一起……
而太阳就从这些云团的缝隙
投下了金黄的光芒，
那些光芒不安定地
熠耀着平野边上的山峦，
和沿着山峦而曲折的江河。

于是
被从各处汇集拢来的水潮所冲激，
江水泛滥了——
它卷带着
从山顶崩下的雪堆，
和溪流里冲来的冰块，
互相拼击着，飘撞着，
发出碎裂的声音流荡着；
那些波涛
喧嚷着，拥挤着，
好像它们
满怀兴奋与喜悦
一边捶打着朽腐的堤岸，
一边倾泻过辽阔的平野，
难于阻拦地前进着，
经过那枯褐的树林，

> 诗人对大自然的观察非常细致，将景色描写得极为准确鲜明，难以描摹的光影变幻都写得让读者如同亲眼所见。

带着可怕的洪响，
淘涌到那
闪烁着阳光的远方去了……

一九四〇年元月二十七日　湘南

山 毛 榉

春日的雷雨，
粗暴地摇撼着山毛榉；
春日的雷雨，
摇撼着我的心啊！

山毛榉，昂然举起了头，
在山野上飘起褐色的发，
感染了大地的爱与忧郁，
把根须攀缠住岩石与泥土；

欢喜沉默的
阳光与雾的朋友，
偶尔借风的语言
向山野披示痛苦；
历尽了冰霜与淫雨，
山毛榉慨然等待着霹雳的打击，
和那残酷的斧斤所带来的
伐木丁丁的声音……

不畏"霹雳的打击，和那残酷的斧斤"，山毛榉是一个坚强不屈的形象。

一九四〇年春

农 夫

你们是从土地里钻出来的吗？——
脸是土地的颜色
身上发出土地的气息
手像木桩一样粗拙
两脚踏在土地里
像树根一样难以移动啊

你们阴郁如土地
不说话也像土地
你们的愚蠢，固执与不驯服
更像土地啊

你们活着开垦土地，耕犁土地，
死了带着痛苦埋在土地里
也只有你们
才能真正地爱着土地

一九四〇年四月

以"你们是从土地里钻出来的吗？"这一设问开篇，自然、亲切，如同一个孩子天真无邪的稚语，引发读者对农民生活和命运的思考，吸引读者往下阅读，达到了先声夺人的艺术效果。

艾青一以贯之地热爱着那些质朴而勤劳的农民，然而从理智上，他又清醒地看到了存在于农民身上的积淀了几千年的固有缺陷，这是不能回避也无法回避的现实。诗人因此而陷入了错综复杂的心理状态之中，他懂得农民的"阴郁"，他熟悉农民身上的"土地的气息"，理解农民"真正地爱着土地"。

土 地

像一根带子连着一根带子，
无数田塍接连着田塍……
长的，短的，粗的，细的，
一根扭结着一根，
平平地展开在地壳凹凸的表面，
伸张成不规则的褐色的网——
不整齐的田亩与池沼毗连着
缀成了颜色斑驳的图案；
紧随着季节与气候
以及困苦的手臂犁锄的操作
改变着每一片上面的颜色；
人类沿着网走成了路，
一条路连着一条路，
每一条路都通到无限去——
用脚步所织成的线络，
把千万颗心都纽结在一起；
从这里到天边，
从天边到这里，
幸运与悲苦呀，
哭泣与欢笑呀，

诗人以一组俯视的镜头、生动的比喻，描写"无数田塍接连着田塍"，"伸张成不规则的褐色的网"，"缀成了颜色斑驳的图案"，似乎是一个动态的过程，让人看得到、触得到褐色的土地和颜色斑驳的图案，这"图案"生动、美丽，一直延伸到无穷远，看不到尽头，是一幅辽远的乡村土地图画。

诗人将笔触投向辛勤劳作的人，他们"用脚步所织成的线络，把千万颗心都纽结在一起"，这是一幅四月的乡村劳动画面，大家都在田间辛勤耕耘，他们的痛苦与欢笑，悲苦与幸运，都与这片土地密不可分。

互相感染着，互相牵引着……
而且以同一的触角，
感触着同一的灾难，
——青青的血液沿着脉络，
密密地络住了它们乌黑的肉；
它们躺在那里
何等伸张自如啊……
被同一的阳光披盖着，
被同一的爱情灌溉着，
被同一的勤劳供养着……

一九四〇年四月十一日　湘南

太　阳

同我们距离得那么远
那么高高地在天的极顶
那么使我们渴求得流下了眼泪
那么使我们为朝向你而匍匐在地上
我们愿意为向你飞而折断了翅膀
我们甚至愿在你的烧灼中死去
我们活着在泥泞里像蚯蚓
永远翻动着泥土向上伸引
任何努力都是想早点离开阴湿
都是想从远处看见你的光焰
我们是蛾的同类要向你飞
我们甚至愿在你的烧灼中死去
只要你能向我们说一句话
一句从未听见却又很熟识的话
只是为了那句话我们才活着
只要你会说：凡看见你的都将会幸福
只要勤劳的汗有报偿，盲者有光
只要我们不再看见恶者的骄傲，正直人的血
只要你会以均等的光给一切的生命
我们相信这话你一定会有一天要证实

诗人以飞蛾扑火般的强烈的情感，赞美太阳对生命的再造。

因此我们还愿意活着在泥泞里像蚯蚓
因此我们每天起来擦去昨天的眼泪
等待你用温热的手指触到我们的眼皮

一九四〇年四月十一日　湘南

月 光

把轻轻的雾撒下来
把安谧的雾撒下来
在褐色的地上敷上白光
月明的夜是无比的温柔与宽阔的啊

给我的灵魂以沐浴
我在寒冷的空气里走着
穿过那些石子铺的小巷
闻着田边腐草堆的气息

那些黑影是些小屋
困倦的人们都已安眠了
没有灯光　静静地
连鼾声也听不见

我走过它们面前
温柔地浮起了一种想望
我想向一切的门走去
我想伸手叩开一切的门

我想俯身向那些沉睡者
说一句轻微的话不惊醒他们
像月光的雾一样流进他们的耳朵
说我此刻最了解而且欢喜他们每一个人

一九四〇年四月十五日夜

> 诗歌描写了"我"走在月光下小巷里的所思所感，月光温润，"我"的心也温柔起来，充满了对安然睡着的人们的欢喜。

初　夏

初夏的晴空，
绮丽而净洁；
晴空下的江水，
明亮而柔滑。

一切都如此调协——
碧蓝的天与软白的云层下
排列着一行行的松林，
松林的空隙处
现露着反映着阳光的绵亘的远山。

褐色的渡船，
停歇在江边
人们从船里
搬出了褐色的油饼
江水戏逐着阳光
静静地流着……
从江边的树荫下
传出了勤劳的耕牛的
困倦的鸣声……

诗歌开篇像是一幅素描，写出了景色的美丽与协调。

又是播谷鸟
叫起人们勤奋的季节了：
那单调而诚挚的呼唤，
从林间流向静空
又徘徊在水田与水田之间……

燕子——轻快的翅翼之
矫健的飞翔；
爱在速度里沉醉的
自由的眷慕者
在江水与晴天的空阔里浮升……
高耸的堤岸上
庞然的樟树的遮覆下，
斧斤的声音
铿锵地敲响了五月最初的日子，
那里，在木料与竹筒的狼藉间，
一些人们正在忙碌着修理
那呆然僵立在江边的暗褐的水车，
——它的破烂了的轮子，
已从去年冬季起
久久地停止了转运。

一九四〇年

鞍鞯店

鞍鞯店开在街边
出售人类的聪明

"老板
我要一条鞭子"

"你自个儿拣：
这是打驴子的
这是打马的
那柄子短，皮条长的
是打骆驼的……"

众多的样式啊
众多的花彩啊
——连鞭子都这样美丽
"那边是辔头，轭
那是嚼子——用来钳住马的牙齿
那是马蹄铁——保护马蹄走远路……"

还有缰绳
麻做的缰绳

棕做的缰绳

染色的缰绳

"那是铁镫——用来跨上马背

那是铜铃——给走沙漠的骆驼

那是护包——给载重的驴子，可怜的驴子"

还有马鞍

牛皮的马鞍

红漆的马鞍

镶了白铜的马鞍

"这是染色的流苏

这是马尾鬃做的帚子

这是犀牛毛做的红缨

和这绣花的马鞯

——这一切

可以使畜生显得可爱……"

众多的样式啊

众多的花彩啊

——没有一样不美丽

这一切都比魔术更虚伪

比宗教更狡猾

比杀戮更残忍

比法律更大胆啊

鞍鞯店开在街边

出售人类的聪明

> 诗歌首尾呼应，意味深长。人类自诩为"万物之灵长"，诗人却对此有着不一样的看法。

一九四〇年

火 把

一 邀

"唐尼　时候到了
快点吧"

"李茵
你坐下
我梳一梳头
换一换衣
……
你看我的头发
这么乱
我的梳子
哪儿去了?"

"你的梳子
刚才我看见的
它夹在《静静的顿河》里"
"啊　头发都打了结
以后我不再打篮球了

> 1939 年 7 月 7 日,桂林举行了纪念抗战火炬游行,当时的游行场面声势浩大,"万余名手执火炬的群众集合于公共体育场,当火炬点燃之时,全场光焰万丈,亮如白昼"。艾青在桂林时参加了游行,受到极大震动,从而写下《火把》。

……今天下午
我沿着那小河回来
看见河边搁着
一个淹死了的伤兵
涨着肚子没有人去理会
……今天我一定要倒霉"

"唐尼　时候到了
快点吧"

"好，你别急
我换一换衣
——这制服又忘了烫
算了吧
反正在晚上
……李茵
你看我又胖了
这衣服真太紧
差点儿要挣破
前年在汉口
我也穿了这制服
参加游行的"

"快点吧　时候到了
别再说话"

"李茵　你真急
我还要擦一擦脸
这油光真讨厌——"

"你跑那边去找什么？
找什么？唐尼！
你的粉盒
压在《大众哲学》上
你的口红
躺在《论新阶段》一起。"

"李茵！"

"快点吧　唐尼
七点三刻了"

"好
我穿好鞋子马上跑
到八点集合
来得及"

"我的鞋拔呢？"

"在你哥哥的照像的旁边"

"啊　哥哥
假如你还活着
今晚上
你该多么快活！"

"唐尼
今晚上
你真美丽"

"李茵
你再说我不去了"

"你不去也好
留在家里可以睡觉"

"好了。走吧。
妈　你来把门闩上
今晚上
我很迟才回来"
（一个老迈的声音从里面传出）
"尼尼　孩子
今晚上天很黑
别忘了带电筒"

"不要，妈
今晚上
我带火把回来"

二　街上

"今夜的电灯好像
特别亮　你看那街上
这么多人　这么多人!
好像被什么旋风刮出来的
哪儿来的这么多人?
这城市　哪儿来的
这么多人? 他们
都到哪儿去? 啊　是的
他们也去参加火炬游行……

那些工人　那些女工
那些店员　那些学生
那些壮丁　那些士兵
都来了　都来了
所有的人都来了
我们的校工也来了
我们的号兵也来了
那么多的旗　那么多的标语……
这有那些宣传画　那么大；
红的　白的　黄的　蓝的旗……
领袖们的肖像　被举在空中。
啊　看那边：还要多　还要多
他们跑起来了　都跑起来了，
有的赶不上了　落下了……
你看：那个黄脸的号兵
晃郎着号角气都喘不过来；
那些学生唱起歌来了：
起来
不愿做奴隶的人们……
他们跑得多么快啊
他们去远了　去远了……"

"唐尼　时间到了
我们到公共体育场去集合吧
我们赶快
从这小巷赶上去！"

三　会场

"她们都到了　她们都到了

赖英的头上打了一个丝结

她们都到了　大家都到了

何慧芳的眼镜在发亮

大家都到了　连那些小的也来了

刘桃芬　康素琴　李娟

啊　你们都来了　我们迟了

我们迟了　我们是从小巷赶来的

台上的煤气灯

照得这会场像白天

你这制服哪儿做的？

同你的身体很合适

我的是前年在汉口做的

太紧了　小得叫人闷气

今晚倒还凉

毛英华

你的皮鞋擦得好亮

啊

那么多工人　那么多　你们看

每只手像一个木榔头

脸上是煤灰　像从烟囱里出来的

他们都瞪着眼在看什么？他们

都张着嘴在等什么？他们

都一动不动的在想什么？他们

朝我们这边看了　朝我们这边看了

那些眼睛像在发怒地

像在发怒地看着我们

啊　我真怕他们那些眼睛

这边

这边全是学生　全是

那个胖家伙跌了跤了

你们看：写信给彭菲灵的
就是他
写信给邓健的
也是他
听说他的体重有两百零五磅
真可怕
这是什么学校的
蠢样子　个个都那么呆
那个打旗的像要哭出来
他们乱了　前面的踏着后面的脚
我们退后面一点　排好

李茵哪儿去了？
你看见李茵在哪里？
啊　看见了
她和那抗宣队的在一起
为什么脸上显得那么忧愁
她又笑了　她来了……

李茵来！
我和你一起！

他们也来了　他也来了
他为什么低着头　像在想着什么？
他也想什么？　那么困苦地想什么？
他抬起头了　他在找……
他看见了　但他又把头低下去
他为什么低着头　像在想着什么？

李茵　你在这里等一下
我去看看他

"克明　我和你说几句话
克明　你好吗?"

"我很好——
你有什么话
请快点说吧"

"我不是要来和你吵架
我问你：
我写了三封信给你　你为什么不理?"

"唐尼　这几天
我正在忙着筹备今夜的大会
而且你的信
只说你有点头痛
只说讨厌这天气
对于这些事我有什么办法呢
而且我已不止劝过你一次……"

"而且
你正忙于交际呢!"

"什么意思?"

"这只有你自己最清楚。"
（人们在她和他之间走过
又用眼睛看看他们的脸）

“明天再好好谈吧
或者——我写一封长信给你
播音筒已在向台前说话”

（一个声音在空气中震动）
“开会！”

四　演说

煤油灯从台上
发光　演说的人站在台上
向千万只耳朵发出宣言。
他的嘴张开　声音从那里出来
他的手举起　又握成拳头
他的拳头猛烈地向下一击
嘴里的两个字一齐落下：“打倒！”
他的眼睛在灯光下闪烁
像在搜索他所模拟的敌人
他的声音慢慢提高
他的感情慢慢激昂
他的心像旷场一样阔宽
他的话像灯光一样发亮
无数的人群站在他的前面
无数的耳朵捕捉他的语言
这是钢的语言　矿石的语言
或许不是语言　是一个
铁锤拼打在铁砧上
也或许是一架发动机
在那儿震响　那声音的波动
在旷场的四周回荡

> 用排比手法铺排一个演讲场面，无数的人，震耳的声音，有力的动作，暴怒的火焰，鼓掌的浪潮，诗人真实再现了一个让人热血澎湃的场面。

> 钢和矿石都是质地坚硬之物，“这是钢的语言 / 矿石的语言”采用比喻手法，表现了演讲的坚强有力、掷地有声。

在这城市的夜空里回荡

这是电的照耀
这是火的煽动
这是煽起火焰的狂风
这是暴怒了的火焰
这是一种太沉重的捶击
每一下都捶在我们的心上

这是一阵雷从空中坠下
这是一阵暴风雨
吹刮过我们所站的旷场
这是一种可怕的预言
这是一种要把世界劈成两半的宣言
这是一种使旧世界流泪忏悔的力量

这不是语言　这是
一架发动机在鸣响
这是一个铁锤击落在铁砧上
这是矿石的声音
这是钢铁的声音
这声音像飓风
它要煽起使黑夜发抖的叛乱
听啊　这悠久而沉洪
喧闹而火烈的
群众的欢呼鼓掌的浪潮……

五　"给我一个火把"

火把从那里出来了

"这是暴怒了的火焰"一句采用比喻和拟人的手法，渲染了演讲巨大的鼓动力量，真实再现了一个激荡人心的场面。

运用比喻、夸张手法，生动地描写了演讲现场的热烈、宏大，表现了演讲的力量。

火把一个一个地出来了
数不清的火把从那边来了
美丽的火把
耀眼的火把
热情的火把
金色的火把
炽烈的火把
人们的脸在火光里
显得多么可爱
在这样的火光里
没有一个人的脸不是美丽的
火把愈来愈多了
愈来愈多了　　愈来愈多了
火把已排成发光的队伍了
火把已流成红光的河流了
火光已射到我们这里来了
火光已射到我们的脸上了
你们的脸在火光里真美
你们的眼在火光里真亮
你们看我呀我一定也很美
我的眼一定也射出光彩
因为我的血流得很急
因为我的心里充满了欢喜
让我们跟着队伍走去
跟着队伍到那边去
到那火把出来的地方去
到那喷出火光的地方去
快些去　快些去　快去
去要一个火把……
"给我一个火把！"

用排比手法和细节描写，表现火把的宏大场面和气势，火把的海洋，火光的海洋，人的海洋，激情的海洋，每一个身处其中的人都热血喷涌，心中充满了激情。

"给我一个火把!"
"给我一个火把!"
你们看
我这火把
亮得灼眼啊……

这是火的世界……
这是光的世界……

六 火的出发

"火把的烈焰
赶走了黑夜"

把火把举起来
把火把举起来
把火把举起来
每个人都举起火把来
一个火把接着一个火把
无数的火把跟着火把走

慢慢地走整齐地走
一个紧随着一个
每个都把火把
举在自己的前面
让火光照亮我们的脸
照亮我们的
昨天是愁苦着
今天却狂喜着的脸
照亮我们的

每一个都像

基督一样严肃的脸

照亮我们的

昂起着的胸部

——那里面激荡着憎与爱的

血液

照亮我们的脚

即使脚踝流着血

也不停止前进的脚

让我们火把的光

照亮我们全体

没有任何的障碍

可以阻拦我们前进的全体

照亮我们这城市

和它的淌流过正直人的血的街

照亮我们的街

和它的两旁被炸弹所摧倒的房屋

照亮我们的房屋

和它的崩坍了的墙

和狼藉着的瓦砾堆

让我们的火把

照亮我们的群众

挤在街旁的数不清的群众

挤在屋檐下的群众

站满了广场的群众

让男的　女的　老的　小的

都以笑着的脸

迎接我们的火把

让我们的火把

叫出所有的人
叫他们到街上来
让今夜
这城市没有一个人留在家里

让所有的人
都来加入我们这火的队伍

让卑怯的灵魂
腐朽的灵魂
发抖在我们火把的前面

让我们的火把
照出懦弱的脸
畏缩的脸

在我们火光的监视下
让犹大抬不起头来

让我们每个都成为帕罗美修斯
从天上取了火逃向人间
让我们的火把的烈焰
把黑夜摇坍下来
把高高的黑夜摇坍下来
把黑夜一块一块地摇坍下来

把火把举起来
把火把举起来
把火把举起来
每个人都举起火把来

七　宣传卡车

那被绳子牵着的

是汉奸

那穿着长袍马褂

戴着瓜皮帽的

是操纵物价的奸商

那脸上涂了白粉

眉眼下垂　弯着红嘴的

是汪精卫

那女人似的笑着的

是汪精卫

那个鼻子下有一撮小胡子的

日本军官

搂着一个

中国农夫的女人

那个女人

像一头被捉住的母羊似的叫着又挣扎着

那军官的嘴

像饿了的狗看见了肉骨头似的

张开着

那个女人

伸出手给那军官一个巴掌

那个汪精卫

拉上了袖子

用手指指着那女人的鼻子骂了几句

那个汪精卫

在那军官的前面跪下了

那个汪精卫

花旦似的

向那日本军官哭泣

那日本军官

拍拍他的头又摸摸他的脸

那个汪精卫

女人似的笑了

他起来坐在那军官的腿上

他给那军官摸摸须子

他把一只手环住了那军官的颈

他的另一只手拿了一块粉红色的手帕

他用那手帕给那军官的脸轻轻地抚摸

那军官的脸是被那女人打红了的

那军官就把他抱得紧紧地

那军官向那汪精卫要他手中的手帕

那军官在汪精卫涂了白粉的脸上香了一下

那汪精卫撒着娇

把那手帕轻轻地在日本军官的前面抖着

那日本军官一手把那手帕抢了去

那手帕上是绣着一个秋海棠叶的图案的

那军官张开血红的嘴

大笑着　大笑着

那军官从裤袋里摸出几张钞票

给那个汪精卫

那军官拍拍他的脸

又用嘴再在那脸上香了一下

四个中国兵　走拢来　走拢来

用枪瞄准他们

瞄准那个日本军官　瞄准奸商　汉奸

瞄准汪精卫

在四个兵一起的

是工人　农人　学生

他们一齐拥上去

把那些东西扭打在地上

连那个女人都伸出了拳头

那个农夫又给那个跪着求饶的汪精卫猛烈的一脚

那个学生向着街旁的群众举起了播音筒

"各位亲爱的同胞！我们抗战已经三年！

敌人愈打愈弱　我们愈打愈强

只要大家能坚持抗战！坚持团结！

反对妥协　肃清汉奸

动员民众　武装民众

最后的胜利一定属于我们！"

八　队伍

这队伍多么长啊　多么长

好像把这城市的所有的人都排列在里面

不好像还要多　还要多

好像四面八方的人都已从远处赶来

好像云南　贵州　热河　察哈尔的都已赶来

好像东三省　蒙古　新疆　绥远的都已赶来

好像他们都约好今夜在这街上聚会

一起来排成队　看排起来有多么长

一起来呼喊　看叫起来有多么响

我们整齐地走着　整齐地喊

每人一个火把　举在自己的前面

融融的火光啊　一直冲到天上

把全世界的仇恨都燃烧起来

我们是火的队伍
我们是光的队伍

软弱的滚开　卑怯的滚开
让出路　让我们中国人走来
昏睡的滚开　打呵欠的滚开
当心我们的脚踏上你们的背
滚开去——垂死者　苍白者
当心你们的耳膜　不要让它们震破
我们来了　举着火把　高呼着
用霹雳的巨响　惊醒沉睡的世界

我们是火的队伍
我们是光的队伍

人愈走愈多　队伍愈排愈长
声音愈叫愈响　火把愈烧愈亮
我们的脚踏过了每一条街每一条巷
我们用火光搜索黑暗
把阴影驱赶
卫护我们前进

我们是火的队伍
我们是光的队伍

这队伍多么长啊　多么长
好像全中国的人都已排列在里面
我们走过了一条街又一条街
我们叫喊一阵又歌唱一阵
我们的声音和火光惊醒了一切

黑夜从这里逃遁了
哭泣在遥远的荒原

九　来

你们都来吧
你们都来参加
不论站在街旁
还是站在屋檐下

你们都来吧
你们都来参加
女人们也来
抱着小孩的也来

大家一起来
一起来参加
来喊口号　来游行
来举起火把
来喊口号　来游行
来举起融融的火把
把我们的愤怒叫出来
把我们的仇恨烧起来

十　散队

我们已走遍了这城市的东南西北
我们已走遍了这城市的大街小巷
"李茵　我们已到这么远的地方。
现在我们得回去　队伍散了……

但是　你看　那些人仍旧在呼唱
他们都已在兴奋里变得癫狂
每个人都激动了　全身的血在沸腾
李茵　刚才火把照着你狂叫着的嘴
我真害怕　好像这世界马上要爆开似的
好像一切都将摧毁　连摧毁者自己也摧毁"

"唐尼　你看见的吗　我真激动
好像全身的郁气都借这呼叫舒出了
唐尼　你的脸　也很异样
告诉我　唐尼
当那洪流般的火把摆荡的时候
你曾想起了什么？看见了什么？"

"李茵　那真是一种奇迹——
当我看见那火把的洪流摆荡的时候
的确曾想起了一种东西
看见了一种东西
一种完全新的东西
我所陌生的东西……"

十一　他不在家

"真的　李茵
你见到克明吗
在那些走在前面的队伍里
你见到克明吗
那些学生没有一刻是安静的
他们把口号叫得那么响
又把火把举得那么高

他们每个都那么高大　那么粗野
好像要把这长街
当作他们的运动场
火把照出他们的汗光
我真怕他们
他们好像已沿着这城墙远走……
但是　李茵
当队伍散开的时候
你见到克明吗"

"他一定从那石桥回去了
这里离他住的地方
不是只要转一个弯吗
我陪你去看他"

一〇三
一〇五
一〇七号——到了
"打门吧
（TA！TA！TA！）
他不在家"

十二　一个声音在心里响

"你在哪里？你在哪里？
这么大的地方哪儿去找你呢？
这么多的人怎能看到你呢？
这么杂乱的声音怎能叫你呢？

我举着火把来找你

你在哪里？你在哪里？
今夜多么美　你在哪里？
你在哪里？我的脸发烫
我的心发抖　你在哪里？

我举着火把来找你

你在哪里？你在哪里？
这么多人没有一个是你
这么多火把过去都没有你
这么多火光照着的脸都不是你

我举着火把来找你

我要看见你！我要看见你！
我要在火光里看见你……
我要用手指抚摸你的脸　你的发
我的这手指不能抚摸你一次吗？
我举着火把来找你
无论如何　我要看见你啊
我要见你　听你一句话
只一句话：'爱与不爱'
你在哪里？你在哪里？"

十三　那是谁

"唐尼　他来了
从十字街口那边转弯
来了。克明来了
你看　前额上闪着汗光

他举着火把走来了……"

"那是谁？那是谁？
和他一起走来的
那是谁？那穿了草绿色的裙装的
女子是谁？那头发短得像马鬃的
女子是谁？那大声地说着话的
又大声地笑着的女子是谁？
那走路时摇摆着身体的
女子是谁？那高高的挺起胸部的
女子是谁？

她在做什么？做什么？
她指手画脚地在做什么？
她在说什么？说什么？
她在和他大声地说着什么？
她在说什么？还是在辩论什么？
你听　她在说什么？那么响：
'目前——我们的
工作——开展……
主观上的弱点——
正在克服……
目前——我们
激烈地批判——
残留着的
小资产阶级的
劣根性……
以及——妨碍工作的
恋爱……
受到了无情的

打击！
目前——我们的
工作——开展……'
他们走近来了……
他们走近来了……李茵——
我们——"

"唐尼　让我
向他们打招呼……"

"不要！
李茵　我头昏
我们从这小巷回去吧"

今夜　你们知道
谁的火把
最先熄灭了
又从那无力的手中
滑下？

十四　劝一

"唐尼　我在火光里
看见了你的眼泪
唐尼　这样的夜
你不感到兴奋吗　唐尼
唐尼　你不应该
在大家都笑着的时候哭泣
唐尼　爱情并不能医治我们
却只有斗争才把我们救起　唐尼

你应该记起你的哥哥
才五六年　你应该能够记起

唐尼　不要太渴求幸福
当大家都痛苦的时候
个人的幸福是一种耻辱　唐尼
唐尼　只要我们眼睛一睁开
就看见血肉模糊的一团……
假如你还有热情　还有人性
你难道忍心一个人去享乐？
我们有太多的事情要做
你怎么应该哭　唐尼
你要尊敬你的哥哥
为了他而敛起眼泪
唐尼　你是他的妹妹
如你都忘了他
谁还能记得他呢
唐尼　坐下来
在这河边坐下来
让我好好和你说……"

"李茵
请把你的火把
吹熄吧"

"好的——
我有火柴
随时可以点着它"

"这样

倒舒服些……"

十五　劝二

"唐尼　现在让我告诉你
我也是哭泣过的　两年前
我曾爱过一个军官
我们一起过了美满的一个月
但他却把我玩了又抛掉了
我曾哭过一个星期
你知道　我是一个人
从沦陷了的家乡跑出来的

（几个人举着火把
从她们前面过去……）

"认识我的人们
在我幸福时
他们妒忌我
在我不幸时
他们嘲笑我
假如我没有勇气抵抗那些
冷酷的眼和恶毒的嘴
我早已自杀了

"但我很快就把心冷静下来
——我不怨他　我们这年头
谁能怨谁呢　我只是
拼命看书——我给你的那些书
都是那时买的。我变得很快

我很快就胖起来。完全像两个人
心里很愉快。我发现自己身上
好像有一种无穷的力。我非常
渴望工作。我热爱人生——

（几个人举着火把过去）

"生命应该是永远发出力量的机器
应该是一个从不停止前进的轮子
人生应该是
一种把自己贡献给群体的努力
一种个人与全体取得调协的努力
……我们应该宝贵生命
不要把生命荒废

（几个人举着火把
从她们前面过去……）

"我很乐观　因为感伤并不能
把我们的命运改变　唐尼
我工作得很紧张。
我参加了一个团体——
唱歌　演戏　上街贴标语
给伤兵换药　给难民写信
打扫轰炸后的街　缝慰劳袋
我们的团体到过前线
我看见过血流成的小溪
看见过士兵的尸体堆成的小山
我知道了什么叫作'不幸'
足足有一年　我们

在轰炸　突围　夜行军中度过
我生过疥疮　生过疟疾　生过轮癣
我淋过雨　饿过肚子　在湿地上睡眠
但我无论如何苦都觉得快乐
同志们对我很好　我才知道
世界上有比家属更高的感情

"那团体已被解散了　如今
大家都分散在不同的地方
唐尼　我正在打听他们的消息
我想挨过这学期——啊　那旅馆的
电灯一盏盏地熄了……
唐尼　请你记住这句话：
……
只有反抗才是我们的真理
唐尼　克明现在不是很努力吗
一个人变坏容易变好难
你如果真的爱他　难道
应该去阻碍他吗？
唐尼
你是不是真的欢喜他呢？
你欢喜他那样的白脸吗？……"

十六　忏悔一

"不要谈起这些吧……
李茵　你的话我懂得。
我感谢你——没有人
曾像你这样帮助过我
李茵　我会好起来的

（几个人　举着火把
从她们前面过去……）

"本来　一个商人的女儿
会有什么希望呢?
而且我是在鸦片烟床上
长大的。五年前
我的父亲就要把我许给
一个经理的儿子。那时
我的哥哥刚死了半年。
我只知道哭。母亲和他吵，
过了几个月　他也死了。
他两个死了后
我家里就不再有快乐了。

"前年九月底　我和母亲
从汉口出来　在难民船上
认识了克明　他很殷勤
……不要说起这些吧
这都是我太年轻……
这都是我太安闲……
李茵　年轻人的敌人是
幻想——它用虹一样的光彩
和皂泡一样的虚幻来迷惑你
我就是这样被迷惑的一个……

（几个人　举着火把
从她们前面过去……）

"李茵　这一夜

我懂得这许多
这一夜　我好像很清醒
我看见了许多　我更看见了
我自己——这是我从来都不曾看见过的

唐尼在经历了游行之后，开始了对自己的反思，她认识到自己的软弱，认识到精神上的空虚。

"我来在世界上已经十九个春天
这些年　每到春天　我便
常常流泪　我不知我自己
是怎么会到世界上来的
今天以前　我看这世界
随时都好像要翻过来
什么都好像要突然没有了似的
一个日子带给我一次悸动
生活是一张空虚的网
张开着要把我捕捉
所以我渴求着一种友谊
我将为它而感激一生……
我把它看作一辆车子
使我平安地走过
生命的长途
我知道我是错了……"

（几个人　举着火把

唱着歌

从她们前面过去……）

"唐尼　不要太信任'友谊'两个字
而且　你说的'友谊'也不会在恋爱中得到
不要把恋爱看得太神秘
现代的恋爱

女子把男子看作肉体的顾客
男子把女子看作欢乐的商店
现代的恋爱
是一个异性占有的循词
是一个'色情'的同义词。"

十七　忏悔二

"李茵
这世界太可怕了——
完全像屠场!
贪婪和自私
统治这世界
直到何时呢?"

"唐尼
人类会有光明的一天
'一切都将改变'
那日子已在不远
只要我们有勇气走上去
你的哥哥就是我们的先驱……"

"我的哥哥是那么勇敢
他以自己的信仰决定一切
离开了家　在北方流浪
好几年都没有消息
连被捕时也没有信给家里
他是死在牢狱里的……

"而我

我太软弱了

（十几个人　每人举着火把
粗暴地唱着歌
从她们的前面过去……）

"这时代
不容许软弱的存在
这时代
需要的是坚强
需要的是铁和钢
而我——可怜的唐尼
除了天真与纯洁
还有什么呢？

"我的存在
像一株草
我从来不敢把'希望'
压在自己的身上

"这时代
像一阵暴风雨
我在窗口
看着它就发抖
这时代
伟大得像一座高山
而我以为我的脚
和我的胆量
是不能越过它的

"但是　李茵　我的好朋友
我会好起来
李茵
你是我的火把
我的光明
——这阴暗的角落
除了你
从没有人来照射
李茵　我发誓
经了这一夜　我会坚强起来的

"李茵
假如我还有眼泪
让我为了忏悔和羞耻
而流光它吧

"李茵
——我怎么应该堕落呢
假如我不能变好起来
我愿意你用鞭子来打我
用石头来钉我！"

"唐尼
天真是没有罪过的。
我们认识虽只半年
但我却比你自己更多地了解你
我看见了'危险'
已隐伏在你的前面。
它已向你打开黑暗的门
欢迎你进去

唐尼在好友李茵的启发帮助之下，逐渐由软弱变得坚强起来。

不，从你身上我看见了我自己
看见了全中国的姊妹
——我背几句诗给你：

'命运有三条艰苦的道路
第一条　同奴隶结婚
第二条　做奴隶儿子的母亲
第三条　直到死做个奴隶
所有这些严酷的命运
罩住俄罗斯土地上的女人'

我们是中国的女人
比俄国的更不如
我们从来没有勇气
改变我们自己的命运
难道我们永远不要改变吗？
自己不改变　谁来给我们改变呢？

（在黑暗的深处
有几个女人过去
她们用歌声
撕裂了黑夜的苍穹：

'感受不自由莫大痛苦
你光荣的生命牺牲
在我们艰苦的斗争中
英勇地抛弃了头颅……'）

"这一定是演剧队的那些女演员……
这声音真美……

诗歌的十六章、十七章，反复出现"几个人／举着火把／唱着歌／从她们前面过去……"这个句子反复出现，但不是简单重复，而是逐层递进。一是举火把的人越来越多，也越来越具体，由"几个人"到"十几个人"，到"有几个女人"。二是举火把的人的情绪越来越高昂，由"举着火把"到"举着火把／唱着歌"，到"粗暴地唱着歌"，到女人的歌声"撕裂了黑夜的苍穹"，越来越强烈、高昂的情绪深深感染、影响了在场的人，这对刻画唐尼思想性格的转变起到了推动作用。

唐尼　时候不早
我们该回去了"

"好　李茵
今晚我真清醒
今晚我真高兴。
明天起　我要
把高尔基的《母亲》先看完"

"等一等　唐尼
让我把火把点起
……
明天会"

（唐尼举着火把很快地走
突然　她回过头来悠远地叫着）

"李茵
要不要我陪你回去？"
"不要。——
有了火把
我不怕"
"好　那么再见
这火把给你。"

"那么……你自己呢？"

"我是走惯了黑路的——
谢谢你这火把……"

> "唐尼举着火把很快地走"，这说明唐尼受到感染和影响，加入了战斗的队伍。

十八　尾声

"妈！
（TA！TA！TA！）
开门吧"
（TA！TA！TA！）
"妈！
开门吧"

"妈！
开门吧"
（TA！TA！TA！）

"孩子
等一下
让我点了灯
天黑得很……"

"妈　你快呀
我带着火把来了"

"孩子
这火把真亮"

"妈　你拿着它
我来关门
你把火把
插在哥哥照像的前面"

（母亲上床　唐尼

呆呆地望着火把
慢慢地　她看定了
那死了五年的青年的照片）

"哥哥　今夜
你会欢喜吧
你的妹妹已带回了火把
这火把不是用油点燃起来的
这火把　是她
用眼泪点燃起来的……"

"孩子
这火把真亮
照得房子都通红了
你打嚏了——孩子冷了
怎么你的眼皮肿
——哭了？"

"没有。
今晚我很高兴
只是火把的光
灼得我难受……"
"孩子　别哭了
来睡吧
天快要亮了。"

一九四〇年五月一日—四日

刈草的孩子

夕阳把草原燃成通红了。
刈草的孩子无声地刈草，
低着头，弯曲着身子，忙乱着手，
从这一边慢慢地移到那一边……

草已遮没他小小的身子了——
在草丛里我们只看见：
一只盛草的竹篓，几堆草，
和在夕阳里闪着金光的镰刀……

一九四〇年

> 诗人用字奇崛，一个"燃"字，使落日画面变得动感十足。

古 松

你和这山岩一同呼吸一同生存
你比生你的土地显得更老
比山崖下的河流显得更老
你的身体又弯曲，又倾斜
好像载负过无数的痛苦
你的裂皱是那么深，那么宽
而又那么繁复交错
甚至蜜蜂的家属在里面居住
蚂蚁的队伍在里面建筑营房
而在你的丫杈间的洞穴里
有着胸脯饱满的鸽子的宿舍——
它们白天就成群地飞到河流对岸的平地上去
也有着尾巴像狗尾草似的松鼠的家
它们从你伸长着的枝丫
跳到另一棵比你年轻的松树上
比小鸟还要显得敏捷
你的头那样高高地仰着
风过去时，你发出低微的呻吟
一个捡柴的小孩站在下面向你看，
你显得多么高！

"你比生你的土地显得更老 / 比山崖下的河流显得更老"，这一句用夸张的手法，写出了古松的苍老。

你的叶子同云翳掺和在一起
白云在你上面像是你的披发
一伙蚂蚁从你的脚跟到你的头上
是一次庄严的长途旅行
你的身体是铁质和砂石熔铸成的
用无比的坚强领受着风、雨、雷、电的打击
而每次阴云吹散后的阳光带给你微笑
你屹立在悬崖的上面像老人
你庇护这山岩，用关心注视我们的乡村；
你是美丽的——虽然你太苍老了。

> 风雨雷电的打击凸显了古松生存环境的艰苦恶劣，反衬出古松的坚毅与强大，表达了诗人对古松的赞美之情。

一九四〇年

黎明的通知

为了我的祈愿
诗人啊，你起来吧

而且请你告诉他们
说他们所等待的已经要来

说我已踏着露水而来
已借着最后一颗星的照引而来

我从东方来
从汹涌着波涛的海上来

我将带光明给世界
又将带温暖给人类

借你正直人的嘴
请带去我的消息

通知眼睛被渴望所灼痛的人类
和远方的沉浸在苦难里的城市和村庄

> 整首诗以第一人称写黎明，用独特的视角描写了诗人看到了黎明即将到来，战争终将取得最后胜利时的欢欣鼓舞之情。

> "被渴望所灼痛""沉浸在苦难里"，黎明的到来并不容易，为了争取黎明，人们遭受了极大的痛苦，经过了艰苦的求索。

请他们来欢迎我——
白日的先驱，光明的使者

打开所有的窗子来欢迎
打开所有的门来欢迎

请鸣响汽笛来欢迎
请吹起号角来欢迎

请清道夫来打扫街衢
请搬运车来搬去垃圾

让劳动者以宽阔的步伐走在街上吧
让车辆以辉煌的行列从广场流过吧

请村庄也从潮湿的雾里醒来
为了欢迎我打开它们的篱笆

请村妇打开她们的鸡坤
请农夫从畜棚牵出耕牛

借你的热情的嘴通知他们
说我从山的那边来，从森林的那边来

请他们打扫干净那些晒场
和那些永远污秽的天井

请打开那糊有花纸的窗子
请打开那贴着春联的门

请叫醒殷勤的女人
和那打着鼾声的男子

请年轻的情人也起来
和那些贪睡的少女

请叫醒困倦的母亲
和她身旁的婴孩

请叫醒每个人
连那些病者和产妇

连那些衰老的人们
呻吟在床上的人们

连那些因正义而战争的负伤者
和那些因家乡沦亡而流离的难民

请叫醒一切的不幸者
我会一并给他们以慰安

请叫醒一切爱生活的人
工人，技师以及画家

请歌唱者唱着歌来欢迎
用草与露水所掺和的声音

请舞蹈者跳着舞来欢迎
披上她们白雾的晨衣

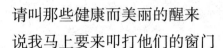

请叫那些健康而美丽的醒来
说我马上要来叩打他们的窗门

请你忠实于时间的诗人
带给人类以慰安的消息

请他们准备欢迎，请所有的人准备欢迎
当雄鸡最后一次鸣叫的时候我就到来

请他们用虔诚的眼睛凝视天边
我将给所有期待我的以最慈惠的光辉

趁这夜已快完了，请告诉他们
说他们所等待的就要来了

                              一九四〇年

我的父亲

一

近来我常常梦见我的父亲——
他的脸显得从未有过的"仁慈",
流露着对我的"宽恕",
他的话语也那么温和,
好像他一切的苦心和用意,
都为了要袒护他的儿子。

去年春天他给我几次信,
用哀恳的情感希望我回去,
他要嘱咐我一些重要的话语,
一些关于土地和财产的话语:
但是我拂逆了他的愿望,
并没有动身回到家乡,
我害怕一个家庭交给我的责任,
会毁坏我年轻的生命。

五月石榴花开的一天,
他含着失望离开人间。

> 诗歌描写了一个复杂的,在当时社会背景下又非常典型的父亲形象。

二

我是他的第一个儿子，
他生我时已二十一岁，
正是满清最后的一年，
在一个中学堂里念书。
他显得温和而又忠厚，
穿着长衫，留着辫子，
胖胖的身体，红褐的肤色，
眼睛圆大而前突，
两耳贴在脸颊的后面，
人们说这是"福相"，
所以他要"安分守己"。

满足着自己的"八字"，
过着平凡而又庸碌的日子，
抽抽水烟，喝喝黄酒，
躺在竹床上看《聊斋志异》，
讲女妖和狐狸的故事。
他十六岁时，我的祖父就去世；
我的祖母是一个童养媳，
常常被我祖父的小老婆欺侮；
我的伯父是一个鸦片烟鬼，
主持着"花会"，玩弄妇女；
但是他，我的父亲，
却从"修身"与"格致"学习人生——
做了他母亲的好儿子，
他妻子的好丈夫。

接受了梁启超的思想，
知道"世界进步弥有止期"。
成了"维新派"的信徒，
在那穷僻的小村庄里，
最初剪掉乌黑的辫子。

《东方杂志》的读者，
《申报》的订户，
"万国储蓄会"的会员，
堂前摆着自鸣钟，
房里点着美孚灯。

镇上有曾祖父遗下的店铺——
京货，洋货，粮食，酒，"一应俱全"，
它供给我们全家的衣料，
日常用品和饮茶的点心，
凭了折子任意拿取一切什物；
三十九个店员忙了三百六十天，
到过年主人拿去全部的利润。

村上又有几百亩田，
几十个佃户围绕在他的身边，
家里每年有四个雇农，
一个婢女，一个老妈子，
这一切造成他的安闲。

没有狂热！不敢冒险！
依照自己的利益和趣味，
要建立一个"新的家庭"，
把女儿送进教会学校，

督促儿子要念英文。

用批颊和鞭打管束子女，
他成了家庭里的暴君，
节俭是他给我们的教条，
顺从是他给我们的经典，
再呢，要我们用功念书，
密切地注意我们的分数，
他知道知识是有用的东西——
一可以装点门面，
二可以保卫财产。
这些是他的贵宾：
退伍的陆军少将，
省会中学的国文教员，
大学法律系和经济系的学生，
和镇上的警佐，
和县里的县长。

经常翻阅世界地图，
读气象学，观测星辰，
从"天演论"知道猴子是人类的祖先；
但是在祭祀的时候，
却一样的假装虔诚，
他心里很清楚：
对于向他缴纳租税的人们，
阎罗王的塑像，
比达尔文的学说更有用处。

无力地期待"进步"，
漠然地迎接"革命"，

> 写出了父亲的"地主身份"与"进步思想"之间的矛盾，表现了地主阶级的软弱性与局限性。

他知道这是"潮流"，
自己却回避着冲激，
站在遥远的地方观望……

一九二六年
国民革命军从南方出发
经过我的故乡，
那时我想去投考"黄埔"，
但是他却沉默着，
两眼混浊，没有回答。

革命像暴风雨，来了又去了。

无数年轻英勇的人们，
都做了时代的奠祭品，
在看尽了恐怖与悲哀之后，
我的心像失去布帆的船只
在不安与迷茫的海洋里飘浮……

地主们都希望儿子能发财，做官，
他们要儿子念经济与法律：
而我却用画笔蘸了颜色，
去涂抹一张风景，
和一个勤劳的农人。

少年人的幻想和热情，
常常鼓动我离开家庭：
为了到一个远方的都市去，
我曾用无数功利的话语，
骗取我父亲的同情。

一天晚上他从地板下面，
取出了一千元鹰洋，
两手抖索，脸色阴沉，
一边数钱，一边叮咛：
"你过几年就回来，
千万不可乐而忘返！"

而当我临走时，
他送我到村边，
我不敢用脑子去想一想
他交给我的希望的重量，
我的心只是催促着自己：
"快些离开吧——
这可怜的田野，
这卑微的村庄，
去孤独地漂泊，
去自由地流浪！"

三

几年后，一个忧郁的影子
回到那个衰老的村庄，
两手空空，什么也没有——
除了那些叛乱的书籍，
和那些狂热的画幅，
和一个殖民地人民的
深刻的耻辱与仇恨。

七月，我被关进了监狱
八月，我被判决了徒刑；

由于对他的儿子的绝望
我的父亲曾一夜哭到天亮。

在那些黑暗的年月，
他不断地用温和的信，
要我做弟妹们的"模范"，
依从"家庭的愿望"，
又用衰老的话语，缠绵的感情，
和安排好了的幸福，
来俘虏我的心。

当我重新得到了自由，
他热切地盼望我回去，
他给我寄来了
仅仅足够回家的路费

他向我重复人家的话语，
（天知道他从哪里得来！）
说中国没有资产阶级，
没有美国式的大企业，
他说："我对伙计们，
从来也没有压迫，
就是他们真的要革命，
又会把我怎样？"
于是，他摊开了账簿，
摊开了厚厚的租谷簿，
眼睛很慈和地看着我
长了胡须的嘴含着微笑
一边用手指拨着算盘
一边用低微的声音

督促我注意弟妹们的前途。

但是，他终于激怒了——
皱着眉头，牙齿咬着下唇，
显出很痛心的样子，
手指节猛击着桌子，
他愤恨他儿子的淡漠的态度，
——把自己的家庭，
当作旅行休息的客栈；
用看秽物的眼光，
看祖上的遗产。
为了从废墟中救起自己，
为了追求一个至善的理想，
我又离开了我的村庄，
即使我的脚踵淋着鲜血，
我也不会停止前进……

我的父亲已死了，
他是犯了鼓胀病而死的；
从此他再也不会怨我，
我还能说什么呢？

他是一个最平庸的人；
因为胆怯而能安分守己，
在最动荡的时代里，
度过了最平静的一生，
像无数的中国地主一样：
中庸，保守，吝啬，自满，
把那穷僻的小村庄，
当作永世不变的王国；

从他的祖先接受遗产，
又把这遗产留给他的子孙，
不曾减少，也不曾增加！
就是这样——
这就是为什么我要可怜他的地方。
如今我的父亲，
已安静地躺在泥土里
在他出殡的时候，
我没有为他举过魂幡
也没有为他穿过粗麻布的衣裳；
我正带着嘶哑的歌声，
奔走在解放战争的烟火里……

母亲来信嘱咐我回去，
要我为家庭处理善后，
我不愿意埋葬我自己，
残忍地违背了她的愿望，
感激战争给我的鼓舞，
我走上和家乡相反的方向——
因为我，自从我知道了
在这世界上有更好的理想，
我要效忠的不是我自己的家，
而是那属于万人的
一个神圣的信仰。

一九四一年八月

少 年 行

像一只飘散着香气的独木船
离开一个小小的荒岛；
一个热情而忧郁的少年，
离开了他的小小的村庄。

我不欢喜那个村庄——
它像一株榕树似的平凡，
也像一头水牛似的愚笨，
我在那里度过了我的童年；

而且那些比我愚蠢的人们嘲笑我，
我一句话不说心里藏着一个愿望，
我要到外面去比他们见识得多些，
我要走得很远——梦里也没有见过的地方；

那边要比这里好得多好得多，
人们过着神仙似的生活；
听不见要把心都春碎的春臼的声音，
看不见讨厌的和尚和巫女的脸。

> 少年满怀对村庄惨淡现实的厌弃，以及对远方生活的向往，开启了自己的行程。

父亲把大洋五块五块地数好，
用红纸包了交给我而且教训我！
而我却完全想着另外的一些事，
想着那闪着强烈的光芒的海港……

你多嘴的麻雀聒噪着什么——
难道你们不知我要走了吗？
还有我家的老实的雇农，
你们脸上为什么老是忧愁？

早晨的阳光照在石板铺的路上，
我的心在怜悯我的村庄
它像一个衰败的老人，
站在双尖山的下面……

再见啊，我的贫穷的村庄，
我的老母狗，也快回去吧！
双尖山保佑你们平安无恙，
等我也老了，我再回来和你们一起。

一九四一年

> 父亲的教训、雇农的忧愁，给少年的心蒙上了一层淡淡的焦虑。

秋天的早晨

在幽暗的山谷间
延河静静地流着
沿着山脚弯曲伸展
在田亩上放射银光

月亮已从山背回去
启明星闪耀在我们的山顶
四野响起雄鸡的晨唱
和接续的悠远的号声

秋天已沿着河岸来了——
披着稀薄的雾，带着微寒；
大豆萎黄了，荞麦枯焦了，
田亩上星散着收获物的堆积

金色的苞谷米
铺在屋背的斜面上
从那边的磨房传出
齐匀的筛面的声音

农夫从打开的门里出来
背脊因劳苦而微微驼起
一边呛咳，一边扣着钮扣
缓慢地向畜棚走去

那肮脏而懒惰的猪突然跃起
从木栅里伸动它的鼻子
企望主人给它丰盛的早餐
用刺耳的尖叫表示欢喜

农夫却把关心放到驴子身上
因为它勤奋劳苦而又瘦削
他把昨晚为它切好的干草
和了豆壳倒进了石槽

于是他走到圆大的磨床旁边
用高粱秆扎的帚子扫着磨床
慢慢地抽完了一次旱烟之后
从屋檐上取下驴子的轭套

他又从屋里搬出一箩小米
快要溢出的是无数细小的金珠
伸出粗糙而干裂的手取了几颗
放到嘴里用黄色的大牙咬着

干脆地！太阳从山顶投下光芒
他驾好驴子，把小米倒上磨床
用力在驴子的股肉上一拍
把这金色的日子碾动了

长长的骡马队从土墙边过去
骡夫高声喝叱着，挥着鞭子
零乱而清新，铜铃在震响
那声音沿着河流慢慢远逝

这时候，在河流的彼岸
一个青年为清晨的大气所兴奋
在那悬崖的下面，迎着流水
唱着一支无比热情的歌曲

农夫的劳作、青年的歌唱，构成了一个充满希望的秋日的早晨。

一九四一年十月四日

村　庄

我是一个海滨的省份的村庄的居民，
自从我看见了都市的风景画片，
我就不再爱那鄙陋的村庄了，
十五岁起我开始在都市里流浪，
有时坐在小酒店里想起我的村庄，
我的心里就引起了无尽的哀怜，
那些都市大街上的每一幢房子，
都要比我那整个的村庄值钱啊……
还有那些珠宝铺，那些大商场，
那些国货陈列所，
人们在里面兜一个圈子
也比在家乡过一生要有意思，
假若他不是一只松鼠
决不会回到那可怜的村庄。
我知道这是不公平的，背义的，
人们厌弃他们的村庄
像浪子抛开他善良的妻子，
宁愿用真诚去换取那些
卖淫妇的媚笑与谎话，
到头了两手插在空袋里踯躅在街边。

连傻子也知道那些大都市是一群吸血鬼——
它们吞蚀着：钢铁，木材，食粮，燃料
和成千成万的劳动者的健康；
千万个村庄从千万条路向它们输送给养……

我们所饲养的家畜被装进了罐头；
每天积蓄下来的鸡蛋被做成了饼干；
我们采集的水果，收割的大豆和小麦，
从来不会在我们家里停留太久；
还有那些年轻的小伙子借了路费出发，
一年年过去，不再有回家的消息；
只让那些愚蠢和衰老的人们，
像乌桕树一样守住那村庄。

磨房和舂臼的声音说尽了村庄的单调，
无聊的日子在鸡啼和犬吠声里过去；
偶然有人为了奔丧回到家乡时，
他的一只皮鞋就足够使全村的人看了眼红，
还有透明的烟嘴和发亮的表链，
会使得年轻的女人眼里射出光辉。

让那些一辈子坐在纺车旁边的老太婆，
和含着旱烟管讲着"长毛"故事的老汉们，
留在那里等他们的用楠木做的棺材吧！
让童养媳用手拍着那呛咳的老妇的背吧！
让那些胆怯得像老鼠的人在豆腐店的前面吹牛吧！
让盲眼的算命人弹着三弦走进茅屋去吧！
倒霉的村庄呀，年轻的人谁还欢喜你呢？
他们知道都市里的破卡车都比你要神气
——大笑着，奔跳着，又叫嚣着

从洋行和公司前面滚过……

要到什么时候我的可怜的村庄才不被嘲笑呢?

要到什么时候我的老实的村庄才不被愚弄呢?

什么时候我的那个村庄也建造起小小的工厂:

从明洁的窗子可以看见郁绿的杉木林,

机轮的齐匀的鸣响混在秋虫的歌声一起?

什么时候在山坡背后突然露出了一个烟囱,

从里面不止地吐出一朵一朵灰白色的烟花?

什么时候人们生活在那里不会觉得卑屈,

穿得干净,吃得饱,脸上含着微笑?

什么时候,村庄对都市不再怀着嫉妒与仇恨,

都市对村庄也不再怀着鄙夷与嫌恶,

它们都一样以自己的智力为人类创造幸福,

那时我将回到生我的村庄去,

用不是虚饰而是真诚的歌唱

去赞颂我的小小的村庄。

一九四一年十二月二十七日

> 结尾连用六个"什么时候",表达了诗人对村庄的忧思,对村庄殷切的期盼。

太阳的话

打开你们的窗子吧
打开你们的板门吧
让我进去，让我进去
进到你们的小屋里

我带着金黄的花束
我带着林间的香气
我带着亮光和温暖
我带着满身的露水

快起来，快起来
快从枕头里抬起头来
睁开你的被睫毛盖着的眼
让你的眼看见我的到来

让你们的心像小小的木板房
打开它们的关闭了很久的窗
让我把花束，把香气，把亮光，
温暖和露水洒满你们心的空间。

一九四二年一月十四日

诗人站在太阳的视角看人类，把太阳比拟为一个热情的人，他呼唤人们打开窗和门，让太阳送来花束、香气、亮光、温暖和露水，号召人们行动起来，积极改变现状，让温暖和露水洒满心的空间。

用太阳象征光明和希望，用紧闭着门户的木板房比喻当时人们生活的闭塞、陈旧、落后的环境，以第一人称代表太阳呼唤国人改变现状，迎接光明。诗歌倾诉着民族的苦难，歌颂了祖国的战斗，渗透着时代气息，以满腔的热情唤起民众，投身到拯救民族危亡的斗争中，改变现状，为中国开辟光明美好的未来与前程。

给 太 阳

早晨，我从睡眠中醒来，
看见你的光辉就高兴；
——虽然昨夜我还是困倦，
而且被无数的恶梦纠缠。

你新鲜，温柔，明洁的光辉，
照在我久未打开的窗上，
把窗纸敷上浅黄如花粉的颜色，
嵌在浅蓝而整齐的格影里。

我心里充满感激，从床上起来，
打开已关了一个冬季的窗门，
让你把金丝织的明丽的台巾，
铺展在我临窗的桌子上。

于是，我惊喜地看见你：
这样的真实，不容许怀疑，
你站立在对面的山巅，
而且笑得那么明朗——
我用力睁开眼睛看你，

渴望能捕捉你的形象，
多么强烈，多么恍惚，多么庄严，
你的光芒刺痛我的瞳孔。

太阳啊，你这不朽的哲人，
你把快乐带给人间，
即使最不幸的看见你，
也在心里感受你的安慰。

你是时间的锻冶工，
美好的生活的镀金匠；
你把日子铸成无数金轮，
飞旋在古老的荒原上……

假如没有你，太阳，
一切生命将匍匐在阴暗里，
即使有翅膀，也只能像蝙蝠
在永恒的黑夜里飞翔。

我爱你像人们爱他们的母亲，
你用光热哺育我的观念和思想——
使我热情地生活，为理想而痛苦，
直到我的生命被死亡带走。

经历了寂寞漫长的冬季，
今天，我想到山巅上去，
解散我的衣服，赤裸着，
在你的光辉里沐浴我的灵魂……

太阳新鲜、温柔、明洁，是美好生活的象征，是美好未来的象征。诗人看见太阳的光辉就高兴，高兴于太阳把他从噩梦中惊醒；诗人心里对太阳充满感激，感激太阳带来的温暖；诗人又是惊喜的，惊喜于太阳的真实和庄严；诗人是快乐的，快乐于太阳给人的安慰。

一九四二年三月十一日

献给乡村的诗

我的诗献给中国的一个小小的乡村——
它被一条山岗所伸出的手臂环护着。
山岗上是年老的常常呻吟的松树；
还有红叶子像鸭掌般撑开的枫树；
高大的结着戴帽子的果实的榉子树
和老槐树，主干被雷霆劈断的老槐树；
这些年老的树，在山岗上集成树林，
荫蔽着一个古老的乡村和它的居民。

我想起乡村边上澄清的池沼——
它的周围密密地环抱着浓绿的杨柳，
水面浮着菱叶、水葫芦叶、睡莲的白花。
它是天的忠心的伴侣，映着天的欢笑和愁苦；
它是云的梳妆台，太阳、月亮、飞鸟的镜子；
它是群星的沐浴处，水禽的游泳池；
而老实又庞大的水牛从水里伸出了头，
看着村妇蹲在石板上洗着蔬菜和衣服。

我想起乡村里那些幽静的果树园——
园里种满桃子、杏子、李子、石榴和林檎，

> 诗人用工笔画一样的写法，细腻地描绘了家乡的风景，山岗、池沼、果树园、石井、小溪、旷场、房屋一一入画，流淌在字里行间的是诗人对家乡深沉的爱恋之情。

外面围着石砌的围墙或竹编的篱笆，
墙上和篱笆上爬满了茑萝和纺车花；
那里是喜鹊的家，麻雀的游戏场；
蜜蜂的酿造室，蚂蚁的堆货栈；
蟋蟀的练音房，纺织娘的弹奏处；
而残忍的蜘蛛偷偷地织着网捕捉蝴蝶。

我想起乡村路边的那些石井——
青石砌成的六角形的石井是乡村的储水库，
汲水的年月久了，它的边沿已刻着绳迹，
暗绿而濡湿的青苔也已长满它的周围，
我想起乡村田野上的道路——
用卵石或石板铺的曲折窄小的道路，
它们从乡村通到溪流、山岗和树林，
通到森林后面和山那面的另一个乡村。

我想起乡村附近的小溪——
它无日无夜地从远方引来了流水
给乡村灌溉田地、果树园、池沼和井，
供给乡村上的居民们以足够的饮料；
我想起乡村附近小溪上的木桥——
它因劳苦消瘦得只剩了一副骨骼，
长年地赤露着瘦长的腿站在水里，
让村民们从它驼着的背脊上走过。

我想起乡村中间平坦的旷场——
它是村童们的竞技场，角力和摔跤的地方，
大人们在那里打麦，掼豆，扬谷，筛米……
长长的横竹竿上飘着未干的衣服和裤子；
宽大的地席上铺晒着大麦、黄豆和荞麦；

夏天晚上人们在那里谈天、乘凉，甚至争吵，
冬天早晨在那里解开衣服找虱子、晒太阳；
假如一头牛从山崖跌下，它就成了屠场。

我想起乡村里那些简陋的房屋——
它们紧紧地挨挤着，好像冬天寒冷的人们，
它们被柴烟薰成乌黑，到处挂满了尘埃，
里面充溢着女人的叱骂和小孩的啼哭；
屋檐下悬挂着向日葵和萝卜的种子，
和成串的焦红的辣椒，枯黄的干菜；
小小的窗子凝望着村外的道路，
看着山峦以及远处山脚下的村落。

我想起乡村里最老的老人——
他的须发灰白，他的牙齿掉了，耳朵聋了，
手像紫荆藤紧紧地握着拐杖，
从市集回来的村民高声地和他谈着行情；
我想起乡村里最老的女人——
自从一次出嫁到这乡村，她就没有离开过，
她没有看见过帆船，更不必说火车、轮船，
她的子孙都死光了，她却很骄傲地活着。

我想起乡村里重压下的农夫——
他们的脸像松树一样发皱而阴郁，
他们的背被过重的挑担压成弓形，
他们的眼睛被失望与怨愤磨成混沌；
我想起这些农夫的忠厚的妻子——
她们贫血的脸像土地一样灰黄，
她们整天忙着磨谷，舂米，烧饭，喂猪，
一边纳鞋底一边把奶头塞进婴孩啼哭的嘴。

我想起乡村里的牧童们，

想起用污手擦着眼睛的童养媳们，

想起没有土地没有耕牛的佃户们，

想起除了身体和衣服之外什么也没有的雇农们，

想起建造房屋的木匠们、石匠们、泥水匠们，

相起屠夫们、铁匠们、裁缝们，

想起所有这些被穷困所折磨的人们——

他们终年劳苦，从未得到应有的报酬。

我的诗献给乡村里一切不幸的人——

无论到什么地方我都记起他们，

记起那些被山岭把他们和世界隔开的人，

他们的性格像野猪一样，沉默而凶猛，

他们长久地被蒙蔽，欺骗与愚弄；

每个脸上都隐蔽着不曾爆发的愤恨；

他们衣襟遮掩着的怀里歪插着尖长快利的刀子，

那藏在套里的刀锋，期待着复仇的来临。

我的诗献给生长我的小小的乡村——

卑微的，没有人注意的小小的乡村，

它像中国大地上的千百万的乡村。

它存在于我的心里，像母亲存在儿子心里。

纵然明丽的风光和污秽的生活形成了对照，

而自然的恩惠也不曾弥补了居民的贫穷，

这是不合理的：它应该有它和自然一致的和谐；

为了反抗欺骗与压榨，它将从沉睡中起来。

> 结尾直诉"这是不合理的"，表达了诗人对现状的控诉，以及对家乡所寄予的殷切期盼。

一九四二年九月七日

礁 石

一个浪，一个浪
无休止地扑过来
每一个浪都在它脚下
被打成碎沫，散开……

它的脸上和身上
像刀砍过的一样
但它依然站在那里
含着微笑，看着海洋……

一九五四年七月二十五日

诗人描绘了一幅礁石搏击海浪的真实图画，歌颂了历经沧桑、饱受磨难而依然屹立的祖国和人民，表现出"哪里有压迫，哪里就有反抗"这一深刻主题。

启 明 星

属于你的是
光明与黑暗交替
黑夜逃遁
白日追踪而至的时刻

群星已经退隐
你依然站在那儿
期待着太阳上升

被最初的晨光照射
投身在光明的行列
直到谁也不再看见你

一九五六年八月

启明星处于光明与黑暗交替的时刻，当群星已经退隐时，它依然在期待太阳上升，它是一个驱逐黑暗、执着追求光明的形象。它"投身在光明的行列 / 直到谁也不再看见你"，表明诗人愿意默默奉献自己而不求回报。启明星是一个愿意牺牲小我、成全大我的形象。

下雪的早晨

雪下着，下着，没有声音，
雪下着，下着，一刻不停。
洁白的雪，盖满了院子，
洁白的雪，盖满了屋顶，
整个世界多么静，多么静。

看着雪花在飘飞，
我想得很远，很远，
想起夏天的树林，
树林里的早晨，
到处都是露水，
太阳刚刚上升，
一个小孩，赤着脚，
从晨光里走来，
他的脸像一朵鲜花。

他的嘴发出低低的歌声，
他的小手拿着一根竹竿，
他仰起小小的头，
那双发亮的眼睛，

> 首段运用反复的修辞手法，描写了飞雪连天的景象，突出了环境的静谧。

透过浓密的树叶，
在寻找知了的声音……

他的另一只小手，
提了一串绿色的东西——
一根很长的狗尾草，
结了蚂蚱、金甲虫和蜻蜓。
这一切啊，
我都记得很清。

我们很久没有到树林里去了，
那儿早已铺满了落叶，
也不会有什么人影；
但我一直都记着那个小孩，
和他的很轻很轻的歌声。
此刻，他不知在哪间小屋里。

看着不停地飘飞着的雪花，
或许想到树林里去抛雪球，
或许想到湖上去滑冰，
他决不会知道，
有一个人想着他，
就在这个下雪的早晨。

一九五六年十一月十七日

帐　篷

哪儿需要我们，
就在哪儿住下，
一个个帐篷，
是我们流动的家；

荒原最早的住户，
野地最早的人家，
我们到了哪儿，
就激起了喧哗；

探索大地的秘密，
要把宝藏开发，
架大桥，修铁路，
盖起高楼大厦；

任凭风吹雨打，
我们爱自己的家，
它是这样敏锐
反映祖国的变化；

换一个工地，
就搬一次家，
带走的是荒凉，
留下的是繁华。

这是一首赞颂祖国建设者的诗歌，建设者为祖国改变了荒凉的旧貌，带来了繁华的新颜，诗人对此满怀感激与赞赏。

一九五八年

鱼 化 石

动作多么活泼，
精力多么旺盛，
在浪花里跳跃，
在大海里浮沉；

不幸遇到火山爆发，
也可能是地震，
你失去了自由，
被埋进了灰尘；

过了多少亿年，
地质勘探队员
在岩层里发现你，
依然栩栩如生。

但你是沉默的，
连叹息也没有，
鳞和鳍都完整，
却不能动弹；

自由自在地遨游在浩渺无边的海洋中的感觉，是鱼类共享的快乐和惬意。但不知什么时候，突然发生了一个毁灭性的意外事故，鱼变成了鱼化石，失去了自由的生命。鱼和鱼化石具有生动的象征意义，鱼的遭遇正像诗人的遭遇，所以诗人说，"活着就要斗争，在斗争中前进，即使死亡，能量也要发挥干净"，表明诗人珍惜重获的生命，愿为祖国奉献全部的力量。

你绝对的静止，
对外界毫无反应，
看不见天和水，
听不见浪花的声音。

凝视着一片化石，
傻瓜也得到教训：
离开了运动，
就没有生命。

活着就要斗争，
在斗争中前进，
即使死亡，
能量也要发挥干净。

　　　　　　　一九七八年

光的赞歌

一

每个人的一生
不论聪明还是愚蠢
不论幸福还是不幸
只要他一离开母体
就睁着眼睛追求光明

世界要是没有光
等于人没有眼睛
航海的没有罗盘
打枪的没有准星
不知道路边有毒蛇
不知道前面有陷阱

世界要是没有光
也就没有杨花飞絮的春天
也就没有百花争妍的夏天
也就没有金果满园的秋天
也就没有大雪纷飞的冬天

世界要是没有光

看不见奔腾不息的江河

看不见连绵千里的森林

看不见容易激动的大海

看不见像老人似的雪山

要是我们什么也看不见

我们对世界还有什么留恋

二

只是因为有了光

我们的大千世界

才显得绚丽多彩

人间也显得可爱

光给我们以智慧

光给我们以想象

光给我们以热情

创造出不朽的形象

那些殿堂多么雄伟

里面更是金碧辉煌

那些感人肺腑的诗篇

谁读了能不热泪盈眶

那些最高明的雕刻家

使冰冷的大理石有了体温

那些最出色的画家

描出色授魂与的眼睛

比风更轻的舞蹈
珍珠般圆润的歌声
火的热情、水晶的坚贞
艺术离开光就没有生命

山野的篝火是美的
港湾的灯塔是美的
夏夜的繁星是美的
庆祝胜利的焰火是美的
一切的美都和光在一起

三

这是多么奇妙的物质
没有重量而色如黄金
它可望而不可即
漫游世界而无体形
具有睿智而谦卑
它与美相依为命

诞生于撞击和摩擦
来源于燃烧和消亡的过程
来源于火、来源于电
来源于永远燃烧的太阳

太阳啊，我们最大的光源
它从亿万万里以外的高空
向我们居住的地方输送热量
使我们这里滋长了万物
万物都对它表示景仰

因为它是永不消失的光

真是不可捉摸的物质——
不是固体、不是液体、不是气体
来无踪、去无影、浩渺无边
从不喧嚣、随遇而安
有力量而不剑拔弩张
它是无声的威严

它是伟大的存在
它因富足而能慷慨
胸怀坦荡、性格开朗
只知放射、不求报偿
大公无私、照耀四方

四

但是有人害怕光
有人对光满怀仇恨
因为光所发出的针芒
刺痛了他们自私的眼睛

历史上的所有暴君
各个朝代的奸臣
一切贪婪无厌的人
为了偷窃财富、垄断财富
千方百计想把光监禁
因为光能使人觉醒

凡是压迫人的人

暴君、奸臣、贪婪之人都害怕光，甚至仇恨光。

都希望别人无能
无能到了不敢吭声
让他们把自己当作神明

凡是剥削人的人
都希望别人愚蠢
愚蠢到了不会计算
一加一等于几也闹不清

他们要的是奴隶
是会说话的工具
他们只要驯服的牲口
他们害怕有意志的人

他们想把火扑灭
在无边的黑暗里
在岩石所砌的城堡里
永远维持血腥的统治

他们占有权力的宝座
一手是勋章、一手是皮鞭
一边是金钱、一边是锁链
进行着可耻的政治交易
完了就举行妖魔的舞会
和血淋淋的人肉的欢宴

他们要维持黑暗的、专制的、残酷的统治。他们要弄两面手法,奴役人民,甚至杀人不眨眼。

回顾人类的历史
曾经有多少年代
沉浸在苦难的深渊
黑暗凝固得像花岗岩

然而人间也有多少勇士
用头颅去撞开地狱的铁门

光荣属于奋不顾身的人
光荣属于前赴后继的人

暴风雨中的雷声特别响
乌云深处的闪电特别亮
只有通过漫长的黑夜
才能喷涌出火红的太阳

这里的"雷声"和"闪电"都具有象征意义。

五

愚昧就是黑暗
智慧就是光明
人类是从愚昧中过来
那最先去盗取火的人
是最早出现的英雄
他不怕守火的鹫鹰
要啄掉他的眼睛
他也不怕天帝的愤怒
和轰击他的雷霆
于是光不再被垄断
从此光流传到人间

我们告别了刀耕火种
蒸汽机带来了工业革命
从核物理诞生了原子弹
如今像放鸽子似的
放出了地球卫星……

光把我们带进了一个
光怪陆离的世界：
X 光，照见了动物的内脏
激光，刺穿优质钢板
光学望远镜，追踪星际物质
电子计算机
把我们推向了二十一世纪

然而，比一切都更宝贵的
是我们自己的锐利的目光
是我们先哲的智慧的光
这种光洞察一切、预见一切
可以透过肉体的躯壳
看见人的灵魂

看见一切事物的底蕴
一切事物内在的规律
一切运动中的变化
一切变化中的运动
一切的成长和消亡
就连静静的喜马拉雅山
也在缓慢地继续上升

认识没有地平线
地平线只能存在于停止前进的地方
而认识却永无止境
人类在追踪客观世界中
留下了自己的脚印

实践是认识的阶梯

科学沿着实践前进
在前进的道路上
要砸开一层层的封锁
要挣断一条条的铁链
真理只能从实践中得以永生

诗人根据历史的经验教训，深刻地指出社会前进和事物发展的规律。

六

光从不可估量的高空
俯视着人类历史的长河
我们从周口店到天安门
像滚滚的波涛在翻腾
不知穿过了多少的险滩和暗礁
我们乘坐的是永不沉没的船
从天际投下的光始终照引着我们……

我们从千万次的蒙蔽中觉醒
我们从千万种的愚弄中学得了聪明
统一中有矛盾、前进中有逆转
运动中有阻力、革命中有背叛

甚至光中也有暗
甚至暗中也有光
不少丑恶与无耻
隐藏在光的下面
毒蛇、老鼠、臭虫、蝎子
和许多种类的粉蝶——
她们都是孵化害虫的母亲
我们生活着随时都要警惕
看不见的敌人在窥伺着我们

然而我们的信念
像光一样坚强——
经过了多少浩劫之后
穿过了漫长的黑夜
人类的前途无限光明、永远光明

不管困难有多大，不管条件有多恶劣，诗人始终坚定相信美好光明的未来。

七

每一个人都是一个生命
人世银河星云中的一粒微尘
每一粒微尘都有自己的能量
无数的微尘汇集成一片光明
每一个人既是独立的
而又互相照耀
在互相照耀中不停地运转
和地球一同在太空中运转
我们在运转中燃烧
我们的生命就是燃烧
我们在自己的时代
应该像节日的焰火
带着欢呼射向高空
然后迸发出璀璨的光

即使我们是一支蜡烛
也应该"蜡炬成灰泪始干"
即使我们只是一根火柴
也要在关键时刻有一次闪耀
即使我们死后尸骨都腐烂了
也要变成磷火在荒野中燃烧

八

作为一个微不足道的人

天文学数字中的一粒微尘

即使生命像露水一样短暂

即使是恒河岸边的一粒细沙

也能反映出比本身更大的光

我也曾经用嘶哑的喉咙歌唱

在不自由的岁月里我歌唱自由

我是被压迫的民族，我歌唱解放

在这个茫茫的世界上

为被凌辱的人们歌唱

为受欺压的人们歌唱

我歌唱抗争，歌唱革命

在黑夜把希望寄托给黎明

在胜利的欢欣中歌唱太阳

我是大火中的一点火星

趁生命之火没有熄灭

我投入火的队伍、光的队伍

把"一"和"无数"融合在一起

为真理而斗争

和在斗争中前进的人民一同前进

我永远歌颂光明

光明是属于人民的

未来是属于人民的

任何财富都是人民的

和光在一起前进

和光在一起胜利

> 诗人在这里谦虚地指出，自己是一个普通的人，但普通人也能给社会创造价值，所以他要继续为人民歌唱，为人民抗争。

胜利是属于人民的
和人民在一起所向无敌

九

我们的祖先是光荣的
他们为我们开辟了道路
沿途留下了深深的足迹
每个足迹里都有血迹

现在我们正开始新的长征
这个长征不只是二万五千里的路程
我们要逾越的也不只是十万大山
我们要攀登的也不只是千里岷山
我们要夺取的也不只是金沙江、大渡河
我们要抢渡的是更多更险的渡口
我们在攀登中将要遇到更大的风雪、更多的冰川……

但是光在召唤我们前进
光在鼓舞我们、激励我们
光给我们送来了新时代的黎明
我们的人民从四面八方高歌猛进

让信心和勇敢伴随着我们
武装我们的是最美好的理想
我们是和最先进的阶级在一起
我们的心胸燃烧着希望
我们前进的道路铺满阳光

让我们的每个日子

都像飞轮似的旋转起来
让我们的生命发出最大的能量
让我们像从地核里释放出来似的
极大地撑开光的翅膀
在无限广阔的宇宙中飞翔

让我们以最高的速度飞翔吧
让我们以大无畏的精神飞翔吧
让我们从今天出发飞向明天
让我们把每个日子都当作新的起点

或许有一天，总有一天
我们这个古老的民族
我们最勇敢的阶级
将接受光的邀请
去叩开千万重紧闭的大门
访问我们所有的芳邻

让我们从地球出发
飞向太阳……

一九七八年八月—十二月

拓展阅读

"大堰河"背后的故事

脍炙人口的《大堰河——我的保姆》是诗人艾青的成名作，这首诗后来因入选中学语文课本而流传得更为广泛，在人们心中刻下了大堰河——一位慈爱而又悲哀的母亲的形象。

在这首诗中，艾青写下了自己最初的身世："我是地主的儿子，也是吃了大堰河的奶长大的，大堰河的儿子。"隐藏在这一句诗后面的故事是这样的：1910 年 3 月 27 日，艾青出生于浙江省金华市畈田蒋村一个地主家庭，家境颇为殷实，父亲蒋忠樽是当地少有的高学历者，偏偏又十分迷信。艾青出生时遭遇难产，他的母亲在经历了九死一生之后才艰难地生下了他，产后也身体虚弱。正因如此，艾青的父母认同了当时流行的封建迷信想法：这个孩子"命克父母"，需要送走寄养。

于是，艾青被辗转送到了农妇大堰河的家里。在那个艰难的年代，一些贫苦的农妇往往不顾自己的骨肉，把乳汁省下来喂养有钱人家的孩子，借此得到一点儿报酬，以维持自己和家人的生计。正如艾青诗里所说的，"大堰河以养育我而养育她的家"。地主的儿子艾青和农妇大堰河，两个不同世界的人因此而有了情感的联结。

艾青在大堰河身边度过了生命最初的五年，大堰河给了他温柔、慈厚的母爱，也给了他家庭的温暖。诗人铭刻于心的是"你用你厚大的手掌把我抱在怀里，抚摸我"，把大堰河终日的操劳看在眼里记在心里，对她艰难困苦的生活充满了同情。

到了五岁那年，艾青被亲生父母接回了家，出于迷信，父母要求他只能以"叔叔、婶婶"称呼自己，艾青感受不到任何的温暖，难以融入这个家庭。他在诗中描述了自己当时的心境："我是这般忸怩不安！因为我／我做了生我的父母家里的新客了！"这反映了幼年的艾青在原本属于自己的家里，感受到的却是深深的疏离与孤独。

童年时缺失的父母之爱和时光一样已经无法挽回，此后也没有得到充足的补偿。这种错位的亲子关系，恰如草蛇灰线，在艾青的一生中埋下了长长的伏笔，使他最终也没能彻底地理解自己的父亲，在情感上认同自己的父亲。艾青在长诗《我的父亲》中，回顾了自己父亲的一生，刻画出一种复杂的父子之情：父亲拿出巨额钱财资助他出国留学，盼他学成后早日归来，诗人心里想的却是要"快些离开""自由地流浪"。艾青被判刑入狱，父亲"一夜哭到天亮"，诗人却觉得这不是爱或者担忧，反而认为这是因为对自己"绝望"。父亲临死前"用哀恳的情感希望我回去"，诗人却"拂逆了他的愿望，并没有动身回到家乡"。

与之形成鲜明对比的是，我们可以从《大堰河——我的保姆》中看到，在与大堰河分离之后、入狱之时，以及大堰河去世以后，艾青有着截然不同的情感反应。

1932 年，艾青因从事革命文艺活动而被捕判刑，关押在阴冷潮湿的监狱里。追忆自己的经历，艾青心绪郁积，在这种看不到希望的环境下，童年时期大堰河给予艾青的爱，焕发出了别样的温暖和光彩。

艾青在狱中写下了《大堰河——我的保姆》，追忆了大堰河对自己的关爱和照顾，也记下了大堰河和他分别之后，为他准备喜欢的吃食，时常想念他，把艾青画的大红大绿的画珍而重之地贴在灶房，这些都说明分离并没有斩断他俩之间的情感流通。

在大堰河心里，艾青是她最大的骄傲，她总是和其他人称赞自己的乳儿，也梦到艾青在结婚时儿媳给自己敬茶。这给艾青带来了极大的心灵慰藉，当他身陷囹圄，遭遇人生困境之时，回忆席卷而来，让他提笔写下了这首含着血泪的长诗。

可惜的是，贫苦一生的大堰河来不及看到梦想变成现实便去世了。她去世时，一直在唤艾青的名字，一心牵挂着他，直至含泪而终。艾青回忆至此，愧疚难当，觉得自己过去对她的关爱太少了，也发现自己对大堰河竟有如此强烈的敬爱之情、感激之意。

种种深沉的情感，升华成了对农民命运的悲悯与思索，给艾青的诗歌带来了两个重要的意象，那就是"土地"和"农民"。后来，艾青创作了许多刻画农村和农民的作品，比如《复活的土地》《雪落在中国的土地上》《手推车》《北方》《我爱这土地》等。

在这些诗歌中，艾青以凝重的笔调描述了对中国农民命运的关注与同情，他熟知他们的生活，关切他们的艰难，对他们的悲惨命运抱有真挚的同情，对造成农民悲惨命运的旧社会提出了愤怒的控诉。这种对土地与农民的深情，激发了诗人深重的爱国情怀，诗人把自己的诗歌创作同民族的命运紧密联系在一起，对国家报以忧思，对民族抱有希望，讴歌和赞美中国人民的顽强精神和生存意志。

回顾艾青的经历与作品，我们不难发现，大堰河的乳汁不仅哺育了幼年艾青的身体，更哺育了一位伟大诗人的诗心与灵魂。

阅读测评

《艾青诗歌导读》阅读测评

（共四个大题，满分100分）

一、填空题（每空2分，共20分）

1. 艾青（1910—1996），原名＿＿＿＿＿＿，中国现代诗人。1933年，诗人第一次使用笔名"艾青"发表了成名作＿＿＿＿＿＿＿＿＿＿＿＿，这首诗奠定了他在现代文学史上的重要地位。

2. 艾青的诗歌有着丰富、鲜明的意象，具有强烈的象征意味。其中，主要的意象是＿＿＿＿＿，如诗歌《雪落在中国的土地上》《我爱这土地》《北方》等；另一个主要意象是＿＿＿＿＿，长诗《向太阳》《火把》等都借歌颂太阳、索求火把，表达了驱逐黑暗、坚持斗争、争取胜利的美好愿望，诗人也因此被称为"＿＿＿＿＿与＿＿＿＿＿"的歌手。

3. 1937年4月，艾青创作了《春》，以纪念＿＿＿＿＿＿＿＿。这首诗围绕着"＿＿＿＿＿"这一形象展开描写，结尾以"人问：春从何处来？/ 我说：来自郊外的墓窟"点题。

4. 诗歌《煤的对话 ——A Y.R.》采用了＿＿＿＿＿＿的方式，把煤拟人化，让煤自述历史，直接表达心声，借此抒发了作者心中蓄积的热情。

5. 艾青擅长绘画，他的诗歌有着＿＿＿＿＿＿＿＿的特点，诗作中往往有着鲜明的色彩，像素描一样简练清晰。

二、选择题（每题 3 分，共 15 分）

1. 在艾青的诗歌中，有两种意象反复出现，极具有代表性，它们是（　　）

A. 黎明　火把　　　　　　　　　　B. 太阳　土地

C. 农村　黎明　　　　　　　　　　D. 土地　农夫

2. 结合诗歌《给太阳》判断：对"你是时间的锻冶工，美好的生活的镀金匠；你把日子铸成无数金轮，飞旋在古老的荒原上"一段分析不正确的一项是（　　）

A. "你是时间的锻冶工，美好的生活的镀金匠"一句运用了暗喻的手法，将太阳比作锻冶工和镀金匠，抒发了对太阳的礼赞与感激之情。

B. "你把日子铸成无数金轮"一句，用了比喻和拟人的手法，抒写太阳的作用，抒发了诗人对太阳的赞美之情。

C. "飞旋在古老的荒原上"句中，用"荒原"形容中国的土地，"金轮飞旋在荒原上"描写大地洒满阳光，景色美丽惊人。

D. 整段文字运用比喻和拟人的手法，讴歌、赞美太阳给古老的中国大地带来了焕然一新的美好生活。

3. 结合诗歌《土地》，判断下列说法不正确的一项是（　　）

A. 诗人在这首诗的开篇，以一组俯视的镜头、生动的比喻，描写了一幅静态的乡村土地图画。

B. "被同一的爱情灌溉着"抒发的是对土地的关注与热爱。

C. "被同一的勤劳供养着"则是对勤劳的农民的赞美与同情。

D. 诗人将笔触投向辛勤劳作的人，大家都在田间辛勤耕耘，他们的痛苦与欢笑，悲苦与幸运，都与这片土地密不可分。

4. 对下列诗句所采用的修辞手法判断不正确的一项是（　　）

A.《太阳的话》："让你们的心像小小的木板房 / 打开它们的关闭了很久的窗 / 让我把花束，把香气，把亮光，温暖和露水洒满你们心的空间。"运用了比喻、拟人的手法，把太阳比拟为一个热情的人，号召人们行动起来，积极改变现状。

B.《我爱这土地》："为什么我的眼里常含泪水？因为我对这土地爱得深沉……"这句诗采用了设问的修辞手法，在一问一答之间，抒发了作者对于祖国的极致深沉的爱。

C.《礁石》："但它依然站在那里 / 含着微笑，看着海洋……"这句诗采用了拟人的修辞手法，表现了礁石不惧挑战、坚韧不拔的精神。

D.《光的赞歌》："光给我们以智慧／光给我们以想象／光给我们以热情／创造出不朽的形象……"这句诗运用了拟人的手法，写出了光明对于我们的重要意义。

5. 阅读下面的诗句，判断诗人所描写的对象，其中有误的一项是（ ）

A. "你用你厚大的手掌把我抱在怀里，抚摸我；在你搭好了灶火之后，在你拍去了围裙上的炭灰之后"，诗人描写了关爱自己的大堰河。

B. "他不断地用温和的信，要我做弟妹们的'模范'，依从'家庭的愿望'"，诗人在这里描写的"他"，指的是诗人的父亲。

C. "以生命所给予他的鼓舞，一面奔跑，一面吹出了那／短促的，急迫的，激昂的，在死亡之前决不中止的冲锋号"，诗人描写的是一位在战争中激励人们前进的吹号者。

D. "动作多么活泼，精力多么旺盛，在浪花里跳跃，在大海里浮沉"，这句诗中，诗人赞美的对象是鱼化石。

三、简答题（每题 5 分，共 30 分）

1.《大堰河——我的保姆》这首诗属于抒情诗还是叙事诗？

2. 结合诗歌《我爱这土地》，分析"然后我死了，连羽毛也腐烂在土地里面"的深刻含义。

3. 阅读《雪落在中国的土地上》，分析在这首诗中，"雪落在中国的土地上，寒冷在封锁着中国呀"反复出现，贯穿全诗，有什么作用？

4. 结合《光的赞歌》，分析"甚至光中也有暗 / 甚至暗中也有光 / 不少丑恶与无耻 / 隐藏在光的下面"的深刻含义。

5. 阅读《太阳的话》，这首诗以"太阳"看人类，这样的视角有什么好处？

6. 阅读《礁石》，这首诗借助自然界"浪"和"礁石"两种力量的冲突，表现了怎样的主题？

四、微写作（35分）

1. 作家聂华苓说："艾青的诗，好在那雄浑的力量，直截了当的语言，强烈鲜明的意象——可以看到、闻到、触到的意象，这也许因为他不仅是个诗人，也是个画家吧。"请结合你所阅读的艾青诗歌，感受其中的"图画美"，试着创作具有图画美的诗歌。（15分）

2. 阅读《少年行》，你是否读懂了诗歌中那个少年离家时夹杂着兴奋与不安的复杂情绪？你曾经有过这样难忘的行程吗？你的亲人对此有着怎样的看法？你又在行程中收获了什么？请用笔记录下来吧，如果能用诗歌的形式来表达就更好了。（20分）

《艾青诗歌导读》阅读测评参考答案

一、填空题

1. 蒋正涵 《大堰河——我的保姆》
2. 土地 太阳 太阳 火把
3. 左联五烈士 桃花
4. 对话
5. 诗中有画

二、选择题

1. B 2. C 3. A 4. D 5. D

三、简答题

1. 叙事诗有比较完整的故事情节和人物形象，通常以诗人满怀激情的歌唱方式来表现，如史诗、故事诗、诗体小说等。抒情诗主要通过直接抒发诗人的思想感情来反映社会生活，不要求描述完整的故事情节和人物形象，如情歌、颂歌、哀歌、挽歌、牧歌和讽刺诗等。因此，这是一首抒情诗，虽然诗人以回忆方式讲述了大堰河一生的悲苦经历，但叙事并没有完整的故事性，它们只是大堰河的生活片段，是为抒情张本的，写作的目的是抒发对大堰河的赞美与怀念。

2. 艾青狂热地爱着这片土地，但他的爱并不只是为了"那来自林间的无比温柔的黎明"。他当然爱那份恬静柔美，然而强烈的爱驱使他不得流连于其间。爱到极致的诗人，为了将他的爱永远留给土地，做出了郑重庄严的抉择："然后我死了，连羽毛也腐烂在土地里面。"来自土地而最终归于土地，当自己的身体融入土地、化作土地时，爱才得以升华，得以永恒。这种爱悲壮而凄艳，却又使得土地无法拒绝，它有一种拒绝世间评说的超凡脱俗的高贵与纯洁。

诗人借鸟儿为喻，表示要把自己全部的爱献给这片土地，把自己的一切都献给自己的祖国，至死不渝，无怨无悔。

3. 一个相同的句子在诗歌中反复出现，像一条主线贯穿全诗，使诗脉贯通、结构严谨，使主旨更加突出，使情感更加强烈。

全诗运用了反复咏叹的叠歌格式，以"雪落在中国的土地上，寒冷在封锁着中国呀"总领全诗，而后三次咏叹，将诗人的情感流程分成四节，使情感的流动层次分明、清晰。

开篇的"雪"与"寒冷"奠定了全诗的情感色调，诗人于悲愤中用"雪""寒冷""封锁"勾勒出民族的处境。第一幅速写图中，诗人看到赶马车的农夫、草原上的牧民，联想到自己，抒写对人民的同情。第二幅速写图中，少妇和年老的母亲深深刺痛了诗人，诗人的情感越来越强烈。第三幅速写图中，看到人们失去家畜、田地、家园，走投无路，诗人终于在沉重的悲哀中愤怒起来了。

4. "光"在这里是一个喻体，要理解这句话的含义，就要将"光"和"暗"分别与生活中的人和事进行勾连。

"光"代表光明、正义的事物，"光"中有"暗"，"暗"中有"光"，说明两者是相互对应而存在的。诗人在此警醒我们，要睁大双眼，发现光明、正义后面隐藏的丑恶与无耻。

5. 诗人站在太阳的视角看人类，把太阳比拟为一个热情的人，他呼唤人们打开窗和门，让太阳送来花束、香气、亮光和温暖，号召人们行动起来，积极改变现状，让温暖和露水洒满心的空间。这个独特的视角，既生动地表现出太阳的热情呼唤，也让全诗充盈着一股热烈的浪漫，更富有动人的艺术魅力。

6. 诗人描绘了一幅礁石搏击海浪的真实图画，歌颂了历经沧桑、饱受磨难而依然屹立的祖国和人民，表现出"哪里有压迫，哪里就有反抗"这一深刻主题。

四、微写作

略

图书在版编目(CIP)数据

艾青诗歌导读/艾青著;赵宪宇导读.—桂林:广西
师范大学出版社,2021.6(2022.5重印)
ISBN 978-7-5598-3847-6

Ⅰ.①艾… Ⅱ.①艾… ②赵… Ⅲ.①阅读课-教学
研究-初中 Ⅳ.①G633.332

中国版本图书馆 CIP 数据核字(2021)第 102928 号

艾青诗歌导读
AIQING SHIGE DAODU

出 品 人:刘广汉
总 主 编:张 蕾
策划编辑:刘美文
责任编辑:孙羽翎
装帧设计:李婷婷

广西师范大学出版社出版发行

(广西桂林市五里店路 9 号　　　邮政编码:541004)
(网址:http://www.bbtpress.com)

出版人:黄轩庄

全国新华书店经销

销售热线:021-65200318　021-31260822-898

山东临沂新华印刷物流集团有限责任公司印刷

(临沂高新技术产业开发区新华路 1 号　邮政编码:276017)

开本:787mm×1 092mm　　1/16

印张:14.5　　　　　字数:286 千字

2021 年 6 月第 1 版　　2022 年 5 月第 2 次印刷

定价:36.00 元

如发现印装质量问题,影响阅读,请与出版社发行部门联系调换。

《艾青诗选》
助读练习题

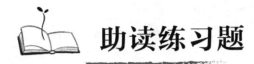 **助读练习题**

一、选择题。（共 10 分，每题 1 分）

1. 所作的诗歌具有浓重的中国意识和深沉的历史感，被称为"乡愁诗人"的是（　　）。

A. 艾青　　　　　B. 郑愁予　　　　　C. 余光中　　　　　D. 舒兰

2. 下列不属于艾青诗歌作品中的人物的是（　　）。

A. 李香香　　　　B. 大堰河　　　　　C. 吴满有　　　　　D. 巴勃罗

3. 艾青的《北方》主要体现了新诗"三美"理论中的（　　）。

A. 建筑美　　　　B. 绘画美　　　　　C. 音乐美　　　　　D. 语言美

4. 下列诗歌写于诗人"归来"后的是（　　）。

A.《我爱这土地》　　　　　　　　B.《雪落在中国的土地上》

C.《太阳的话》　　　　　　　　　D.《光的赞歌》

5. 下列选项中，不属于艾青作品的一项是（　　）。

A.《光的赞歌》　　　　　　　　　B.《黎明的通知》

C.《礁石与灯标》　　　　　　　　D.《鱼化石》

6. "今天我看到雪使我想起了你。你的被雪压着的草盖的坟墓，你的关闭了的故居檐头的枯死的瓦菲，你的被典押了的一丈平方的园地，你的门前的长了青苔的石椅"。诗中的"你"指的是（　　）。

A. 艾青　　　　　B. 大堰河　　　　　C. 祖国　　　　　D. 土地

7. 1978 年以后，艾青的诗风发生了很大的变化，下面不属于他这一时期诗歌特点的一项是（　　）

A. 诗句由原先的长短错落，不求整齐划一变得比较整齐。

B. 诗情由原先的总是充满"土地的忧郁"变得比较深沉。

C. 写法由原先的尽情的呼告、肆意的排叙变得口语化、散文化。

D. 诗意由原先的凝重、深厚变得比较警策，充满哲思。

8. 下面对《艾青诗选》内容的表述不正确的一项是（　　　）

A.《礁石》中"含着微笑，看着海洋"的礁石，象征着坚韧不拔、高傲自负的人们。

B. 从"活着就要斗争，在斗争中前进"可以体会到诗人对革命的崇高热情、不懈努力以及为革命奉献生命的伟大思想感情。

C."即使死亡，能量也要发挥干净"这两句可以看出诗人对生命的热爱，对生命的赞叹、赞赏，以及奉献自己、贡献力量的伟大情怀。

D."然后我死了，连羽毛也腐烂在土地里面。"这两句诗形象而充分地表达了诗人对土地的眷恋，而且隐含献身之意。

9. 根据你对艾青诗歌的了解，选出不是评论艾青诗歌的一项（　　　）。

A. 这是一首长诗，用沉郁的笔调细写了乳娘兼女佣（"大堰河"）的生活痛苦……我不能不喜欢《大堰河》。——茅盾

B. 归真返璞，我爱好他的朴素、平实，爱读他那用平凡的语言，自由的格式，不事雕琢地写出的激动人心的诗篇。——唐弢

C.（他的诗）把我们从怀疑、贪婪的罪恶的世界，带到秀嫩天真的儿童的新月之国里去……它能使我们在心里重温着在海滨以贝壳为餐具，以落叶为舟，以绿草上的露点为圆珠的儿童的梦。——郑振铎

D. 在国难当头的年代，诗人歌唱"土地"具有格外动人的力量，而诗人那种不断转折和强化的抒情方式，当然也是和充满险阻坎坷的时代相吻合的。——孙光萱

10. 对《我爱这土地》的赏析，不恰当的一项是（　　　）。

假如我是一只鸟，我也应该用嘶哑的喉咙歌唱：这被暴风雨所打击着的土地，这永远汹涌着我们的悲愤的河流，这无止息地吹刮着的激怒的风，和那来自林间的无比温柔的黎明……——然后我死了，连羽毛也腐烂在土地里面。为什么我的眼里常含泪水？因为我对这土地爱得深沉……

A. 诗人未用"珠圆玉润"之类词语而用"嘶哑"来形容鸟儿鸣唱的歌喉，使人体味到歌者经历的坎坷、悲酸和执著的爱。

B. 关于"土地""河流""风""黎明"的一组诗句，抒写了大地遭受的苦难，人民的悲愤和激怒，对光明的向往和希冀。

C. "然后我死了，连羽毛也腐烂在土地里面。"这两句诗形象而充分地表达了诗人对土地的眷恋，而且隐含献身之意。

D. "为什么我的眼里常含泪水？因为我对这土地爱得深沉"这两句诗中的"我"指喻体"鸟"，而不是指诗人自己。

二、填空题。（共 15 分，每空 1 分）

11. 与《大堰河——我的保姆》同时期的作品还有_____、_____。

12. "夕阳把草原燃成通红了"这句诗出自艾青的短诗《_____》，该诗具有鲜明的色调，清晰的线条，素描一般的简练、凝重，体现了艾青诗歌创作"_____"的特点。

13. "北方是悲哀的 / 而万里的黄河 / 汹涌着浑浊的波涛 / 给广大的北方 / 倾泻着灾难与不幸；/ 而年代的风霜 / 刻画着 / 广大的北方的 / 贫穷与饥饿啊。"以上文字出自《艾青诗选》中的《_____》，全诗抒发了诗人的_____情感。

14. 假如我是一只鸟，我也应该用嘶哑的喉咙歌唱：这被暴风雨所打击着的土地，这永远汹涌着我们的悲愤的河流，这无止息地吹刮着的激怒的风，和那来自林间的无比温柔的黎明……——选自《我爱这土地》，此节中分别描述了鸟儿歌唱的四个对象：_____、_____、_____、_____，它们的核心是"_____"。

15. "雪落在中国的土地上 / 寒冷在封锁着中国呀……"出自艾青作于 20 世纪 30 年代的诗歌《_____》，这一时期他的诗歌总是充满"_____"，多写国家民族的苦难、悲伤与反抗。艾青诗歌的主要意象是_____和_____。

三、判断题。（共 5 分，每题 1 分）

16. 在《盆景》中，塑造了盆景痛苦的形象，为的是塑造那个畸形年代所造成的痛苦形象，当然，这是艺术的再现。诗人是通过对盆景的间接描绘来实现的。（　　）

17. 《光的赞歌》是诗人对自己生活和创作的一次总结，同时也写出了一个新的中国。（　　）

18.《梦》抒发了"钢丝床上有痛苦，稻草堆上有欢晤"的真情实感，表示作者对物质富有、然而精神贫困的生活的依恋与追求。（　　　）

19.《向太阳》《火把》借歌颂太阳、索求火把表达了驱逐黑暗、坚持斗争、争取胜利的美好愿望，诗人因此被称为"太阳与火把"歌手。（　　　）

20. 艾青以其充满艺术个性的歌唱卓然成家，实践着他"华丽、单纯、集中、明快"的诗歌美学主张。（　　　）

四、简答题（共 24 分，每题 3 分）

21.《鱼化石》中诗人借助鱼化石的什么特点，表达了自己怎样的感情？

22.《树》是艾青于 1940 年春天创作的一首现代诗歌。此诗的寓意是多方面的，请你说说这些寓意。

23.《向太阳》是艾青写的第一首长诗，最初发表在 1938 年《七月》第 3 集第 2 期。全诗贯穿着一个总体的象征形象是什么？表现了诗人什么样的情怀？

24.《大堰河——我的保姆》中大堰河是谁？作者在诗歌中抒发了怎样的感情？

25. 艾青的《煤的对话》按照写作思路，都写了什么内容？表达了怎样的主题？

26. 艾青的《太阳的话》全诗运用了哪些写作手法，有什么作用？

27. 艾青诗歌的艺术特性还有一个要素就是"忧郁"，我们叫它"艾青式的忧郁"。如何看待这种忧郁？

28. 艾青是"土地的歌者"。请你从《艾青诗选》中列举出三首以"土地"为意象的诗歌，并分析其中一首诗里"土地"意象的作用。

五、阅读理解。（共 46 分）

阅读《太阳》，回答问题。
它以难遮掩的光芒
使生命呼吸
使高树繁枝向它舞蹈
使河流带着狂歌奔向它去
当它来时，我听见
冬蛰的虫蛹转动于地下
群众在旷场上高声说话
城市从远方
用电力与钢铁召唤它

29. 诗中的"它"指的是？本诗蕴含着诗人艾青对什么的向往和追求？
（2分）

阅读《我爱这土地》，回答问题。
假如我是一只鸟，

我也应该用嘶哑的喉咙歌唱：

这被暴风雨所打击着的土地，

这永远汹涌着我们的悲愤的河流，

这无止息地吹刮着的激怒的风，

和那来自林间的无比温柔的黎明……

——然后我死了，

连羽毛也腐烂在土地里面。

为什么我的眼里常含泪水？

因为我对这土地爱得深沉……

30. 诗中"鸟"的形象与作者要歌颂的"土地"有什么联系？（2分）

31. 第二节与第一节有着怎样的联系？把第二节去掉，诗歌主题的表达将会受到怎样的影响？（2分）

32. 诗人为何不用"珠圆玉润"之类的词而用"嘶哑"形容鸟儿的歌喉？（2分）

33. 第二行"嘶哑的"去掉可不可以？为什么？（2分）

34. 第三行中的"这"和第四行、第五行中的"这"代表哪两种不同的情形？（2分）

35. 第六行中的省略号、第七行中的破折号、第十行中的省略号各代表什么意思？（2分）

36. 文中的"土地"喻指什么？（1分）

37. 全诗表达了一种什么样的感情？（2分）

阅读《黎明的通知》，回答问题。
为了我的祈愿
诗人啊，你起来吧

而且请你告诉他们
说他们所等待的已经要来

说我已踏着露水而来
已借着最后一颗星的照引而来

我从东方来
从汹涌着波涛的海上来

我将带光明给世界
又将带温暖给人类

借你正直人的嘴
请带去我的消息

通知眼睛被渴望所灼痛的人类

和远方的沉浸在苦难里的城市和村庄

请他们来欢迎我
白日的先驱，光明的使者

38. 用文中原话回答。（2分）
"黎明"的任务是：_____
诗人的任务是：_____

39. 借助联想和想象来理解划线两节的意境，填空。（4分）
"露水""最后一颗星"形象地表明了"黎明"到来的_____，
"东方""海上"则具体说明了"黎明"到来的_____，
"汹涌着波涛"则说明了"黎明"历经_____而来的情状。

40. 简要分析"通知眼睛被渴望所灼痛的人类／和远方的沉浸在苦难里的城市和村庄"的含义。（3分）

阅读《树》，回答问题。
一棵树，一棵树
彼此孤立地兀立着
风与空气
告诉着它们的距离

但是在泥土的覆盖下
它们的根伸长着
在看不见的深处
它们把根须纠缠在一起

41. 下列关于上面的诗歌的理解与分析，说法错误的一项是（　　）（2分）

A. "树"象征着那些在抗日战争时期不屈于敌人的威逼利诱、顽强抗争、紧密团结在一起的革命者们。他们正如诗中的"树"——虽"彼此孤立地兀立着"，但"在看不见的深处／它们把根须纠缠在一起"。

B. 这首诗热情赞美了革命者的刚正不屈、坚强勇敢、团结互助、心系祖国的革命精神，鼓舞着人们肩负起解救国家的重任。

C. 这首诗主要运用比喻的修辞手法，写地面上树的间隔、地面下根的纠缠，体现了革命者的心紧密相连的特点。

D. 本诗的动词生动地表现出革命者的神态与行为，如"兀立""伸长""纠缠"等词语。

42. 小州读了《艾青诗选》中的《树》，写了一段读书笔记，请你根据诗意把它补充完整。（4分）

初读诗歌《树》，觉得是一首写景状物诗，描写根须缠在一起，树干彼此独立的两棵树。再读诗歌发现，虽然从表面看，树与树之间没有联系，但"在泥土的覆盖下"，根须是纠缠在一起的，这就给我们启示：_____。第三遍读诗歌，我先了解了诗歌的背景：当时抗日战争正处于艰苦的相持阶段，尽管过去有外国人侮辱中华民族是"一盘散沙"，但作者意识到民族的觉醒已经到来。所以，我觉得这首诗歌的深刻主题应该是：_____。

阅读《礁石》，回答问题。

一个浪，一个浪

无休止地扑过来

每一个浪都在它脚下

被打成碎沫，散开……

它的脸上和身上

像刀砍过的一样

但它依然站在那里

含着微笑，看着海洋……

43. 诗中的"礁石"象征了什么（2分）

44. 诗运用了哪些修辞手法？（2分）

45. 这首诗的主旨是什么？（2分）

46. 从内容和形式上分析一下本诗的特点。（4分）

47. 全诗采用了＿＿＿＿＿的艺术手法，通过对自然景物的描写歌咏，寄寓了深沉的生活哲理内涵。诗歌形象＿＿＿＿＿、＿＿＿＿＿，洋溢着一种＿＿＿＿＿情绪。（4分）

助读练习题参考答案

1. C 2. A 3. B 4. D 5. C 6. B 7. C 8. A 9. C 10. D

11.《透明的夜》《芦笛》

12. 刈草的孩子　诗中有画

13. 北方　爱国主义

14. 土地　河流　风　黎明　土地

15. 雪落在中国的土地上　土地的忧郁　土地　太阳

16. ×　17. √　18. ×　19. √　20. ×

21. 借助鱼化石完全石化的特点，表达诗人对政治厄运的反抗与蔑视，对革命的崇高热情和不懈努力，为革命奉献生命的伟大思想感情。

22. 从表面上看，这首诗描写了一种自然现象；拓展来看，这首诗可能是对友情的描述和赞扬，也可能是对人生的感悟和诠释，还可能是对自由生命的渴望与思考。正是由于意象多样化的缘故，此诗才具有发人深思的魅力。

23. 全诗贯穿着一个总体的象征形象那就是太阳，以太阳来象征中华民族的觉醒和希望。

这首诗充分表现了诗人的高度热情和对光明、对未来的追求和信心，并从"我"——一个饱经忧患的知识分子的角度，采用革命现实主义和革命浪漫主义相结合的手法，抒发抗战高潮到来之时的激情。

24. 大堰河是作者的乳母。作者通过对自己乳母的回忆追思，抒发了对贫苦农妇大堰河的怀念之情、感激之情和赞美之情，从而激发人们对旧中国广大劳动妇女悲惨命运的同情，对这"不公道的世界"的强烈仇恨。

25. 先写煤在土地中沉睡千年，再写被人挖掘，最后被人用火燃烧，为人们做贡献。诗人以"煤"来写苦难的中华民族，赞颂了不甘平庸，不愿受压迫，执着进取的精神！

26. 拟人的修辞手法，便于运用对话和呼告的方式来抒发感情，语气更亲切，更容易与读者亲近。

27. 这种忧郁里，浸透了诗人对国家、人民的极其深沉的爱，更表现了诗人对生活的忠实和深刻的思索。但艾青的忧郁并不是消极的，其给予读者的是一种"深沉"的力量，表现的是他对美好生活的执着追求和坚定的信念。

28.《我爱这土地》《雪落在中国的土地上》《复活的土地》。在《我爱这土地》一诗中，"土地"象征贫穷落后、多灾多难的祖国，凝聚着诗人对祖国、对人民最深沉的爱。

29."它"指太阳。表达了诗人对光明（或未来）的追求。

30. 诗人在借一只饱受磨难的"鸟"的形象来表现自己的忧患意识，以及他对多灾多难的祖国的博大深沉的爱。

31. 如果说第一节是对"爱土地（祖国）"主题的抒情性的铺陈描述，第二节短小精悍的两行则可看作对主题的高度凝练的概括。去掉第二节，诗意则得不到提炼和升华。

32. 嘶哑的喉咙里融入了诗人坎坷的经历以及他对这片土地的深沉执着的爱。

33. 不可以去掉。因为用"嘶哑的"更能表现出"我"对"土地"深爱的程度，去掉了会影响表达效果。

34. 第三行中的"这"代表国民党反动派的黑暗统治；第四行、第五行中的"这"代表广大人民的反抗。

35. 美好生活的向往；表示转折；表示语意未尽。

36. 祖国。

37. 对土地、对祖国油然而生的深沉的爱。

38. 我将带光明给世界／又将带温暖给人类。告诉他们／说他们所等待的已经要来。

39. 时间　方位地点　迢迢长路和惊涛骇浪

40. 诗人希望借助黎明的通知，去打破反动派对敌占区人民的蒙蔽和谎骗，扫除萦绕在人们心头的那些迷雾、悲观论，让所有正遭受着苦难的人民立即行动起来，准备迎接这"白日的先驱，光明的使者"——黎明。

41. C

42. 认识事物有时不能只看表面，还要看根本；赞美中华民族紧密团结、英勇顽强的精神

43."礁石"象征了敢于面对一切厄运而又顽强不屈的人。

44. 拟人、比喻、对偶。

45. 热情歌颂了面对厄运，仍然坚强不屈的乐观精神与豁达的胸襟。

46. 内容上：《礁石》用了一种具体可感的形象表现了一种刚毅的精神。不具体描形而是重在绘神，写出了一种永存的景象。诗中修辞方法多样，又重在拟人，意蕴回味悠长。形式上：节律自由、灵活。

47. 象征；明朗、纯净昂扬奋发的乐观

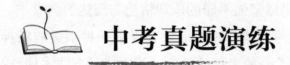 **中考真题演练**

【2019广西壮族自治区百色卷】

1. 名著阅读。

阅读下面的文字，按要求作答。

"在你搭好了灶火之后，/在你拍去了围裙上的炭灰之后，/在你尝到饭已煮熟了之后，/在你把乌黑的酱碗放到乌黑的桌子上之后，/在你补好了儿子们的为山腰的荆棘扯破的衣服之后，/在你把小儿被柴刀砍伤了的手包好之后，/在你把夫儿们的衬衣上的虱子一颗颗地掐死之后，/在你拿起了今天的第一颗鸡蛋之后，/你用你厚大的手掌把我抱在怀里，抚摸我。"

（1）选文出自中国现当代文学史上著名诗人＿＿＿＿＿的成名作《大堰河——我的保姆》。

（2）结合以上诗句，简要谈谈如何品读现代诗歌。

【2019江西卷】

2. 班级拟开展"走进名著，与作者对话"的综合性学习活动，请从下面"专题探究"中选择一个专题，以"一位忠实的读者"的名义，给作者写一封信，交流你的探究成果，字数200左右。（5分）

[专题探究]

专题一：孙悟空的"不变"《西游记》

专题二：跟法布尔学观察《昆虫记》

专题三：探讨诗歌的意象《艾青诗选》

【2019内蒙古自治区呼和浩特卷】

3. 艾青是"土地的歌者"。请你从《艾青诗选》中列举出三首以"土地"为意象的诗歌，并分析其中一首诗里"土地"意象的作用。（2分）

【2019浙江嘉兴、舟山卷】

4. 徐志摩"完全诗意的信仰"，让他最终等到了彩虹；保尔为人类解放而斗争的信仰，使他成为了钢铁战士。信仰，是人永恒的精神支柱。同学们在红船边重读经典，开展以"信仰"为主题的阅读活动。（3分）

请你从下列名著中任选一部，说说你从作品中读出了作家或人物怎样的信仰，并结合名著的特点和相关内容，阐述你运用了怎样的阅读方法。

A.《艾青诗选》

B.《红星照耀中国》

C.《西游记》

【2019浙江杭州卷】

5. 艾青被称为"太阳与火把"的歌手，他常用"太阳"的意象，表达对光明、自由、胜利的不懈追求。保尔·柯察金（《钢铁是怎样炼成的》）、江姐（《红岩》）、贝多芬（《名人传》）都能体现这种追求。请选择一位，结合作品分析。(4分)

中考真题演练参考答案

1.（1）艾青

（2）在诗句中运用了排比、反复的修辞，写出了大堰河的辛劳，及对"我"的疼爱，表达了"我"对大堰河的思念。

2. 专题一：孙悟空的"不变"——永不言败的战斗精神；重情重义的个性等。

孙悟空能在每次师徒陷入危难的时候助他们脱离险境，靠的不仅仅是七十二变的本领，更多的是他身上的那种敢于拼搏、不屈不挠、永不言败的战斗精神。（举出一些例子来论证自己的观点）

专题二：跟法布尔学观察——具有耐心细心的科研精神。

法布尔观察昆虫的三件事：（1）趴着地上观察蚂蚁搬死苍蝇，一连看了四个小时；

（2）爬上果树看螳螂而忘了时间；

（3）趴在石头上观察昆虫一整天。法布尔在普温斯教书时，经常到附近的一条沙路上观察昆虫。

专题三：探讨诗歌的意象——《艾青诗选》的中心意象是：土地与太阳。

土地——对大地母亲的热爱，对勤劳的中国人民的赞扬，还凝聚着诗人对美好生活的向往，如《我爱这土地》。

太阳——象征着希望，是对光明、理想、美好生活热烈追求，如《向太阳》《黎明的通知》。

示例：

尊敬的法布尔先生：

您好！我是您的一位忠实读者，最近拜读了您的作品《昆虫记》，收获良多！

我也喜欢昆虫，读完此书兴趣更浓，也从书中学到您的一些观察方法。在观察蚂蚁的时候，您伏在地上用放大镜观察了四小时；爬到树上观察螳螂的时候，别人误解来抓您时，您才惊醒过来！这样全神贯注、耐心细致、沉浸其中，才有了详尽真实的多彩记录。向您学习！

最后，感谢您为我们带来了这么优秀的作品，让我们看到您对生命的尊敬与热爱，也让我们学会如何去观察和热爱。

此致

敬礼

一位忠实的读者

2019 年 6 月 17 日

3. 示例：《我爱这土地》《雪落在中国的土地上》《复活的土地》。在《我爱这上地》一诗中，"土地"象征贫穷落后、多灾多难的祖国，凝聚着诗人对祖国，对人民最深沉的爱。

4. 示例1：我选《艾青诗选》。从作品中我体会到了诗人对祖国和人民深沉的爱。阅读时，可以抓住重点意象进行精读，圈画出重点词句，细细品味诗歌的语言和情感，或者有感情地诵读，认真做好摘抄和批注，体会诗人的爱国情怀。如《我爱这土地》《复活的土地》《雪落在中国的土地上》等诗歌，以"土地"为主要意象，表达了诗人悲悯下层人民的困苦，忧伤祖国的命运，体现了他崇高的信仰。

示例2：我选《红星照耀中国》。从作品中我读出了中国共产党人为民族解放而艰苦奋斗和牺牲奉献的崇高信仰。阅读时，可以结合序言，利用目录，选择自己感兴趣的某个篇章，如"强渡大渡河"和"过大草地"或者是"红小鬼"等部分，梳理相关历史事件的前因后果，了解中国共产党人的生活经历和革命精神，把握作者斯诺的观点和情感倾向。也可以摘录出重要的评价性语句进行批注阅读，体会中国共产党人的革命信仰。

示例3：我选《西游记》。从作品中我读出了唐僧师徒四人披荆斩棘、不畏艰险、一心求取真经、普度众生的信仰。阅读时，可以采用跳读和精读相结合的阅读方法。如作品中某些打斗的场面、写环境气氛的诗词、降妖伏魔的雷同情节可以跳读。体现唐僧师徒四人不畏艰险、一心求取真经的情节需要精读。如"三调芭蕉扇"这一情节，圈画出一借芭蕉扇之后沙僧、猪八戒、唐僧之间的对话进行精读，从对话中体会他们坚定不移的取经决心，从而感受他们为了信仰，勇于追求、为实现理想而敢于斗争、永不放弃的精神。

5. 示例一：我选保尔·柯察金。他追求世界上最壮丽的事业——人类的解放。在敌人的严刑拷打面前，他坚贞不屈；在枪林弹雨的战场上，他勇往直前。即使全身瘫痪、双目双明，他也没有放弃。可以说，他为人类的解放事业奉献了全部精力和整个生命。

示例二：我选江姐。临近解放，江姐组织越狱斗争。敌人策划在逃跑前杀害共产党人，为了不暴露越狱计划，保护同志们，江姐毅然走向刑场。她的一生是追求光明、追求胜利的一生。

示例三：我选贝多芬。他从小受酗酒父亲的虐待，中年遭遇耳疾折磨和侄子的不孝，但他在痛苦中坚持创作，谱写了《英雄交响曲》《欢乐颂》等乐曲。他用音乐的语言表达对命运的抗争，对自由、平等、博爱的热切追求。